AF368864

YOGA CON CALOR

MACARENA CUTILLAS

www.yogaconcalor.guia-burros.com

EDITATUM

Diseño de cubierta: © Looking4
Maquetación de interior: © EDITATUM

Primera edición: Mayo de 2018
Segunda edición: Marzo de 2019
Tercera edición: Noviembre 2019

ISBN: 978-84-948776-1-2
Depósito legal: M-17165-2018

Si después de leer este libro, lo ha considerado como útil e interesante, le agradeceríamos que hiciera sobre él una **reseña honesta en Amazon** y nos enviara un e-mail a **opiniones@guiaburros.es** para poder, desde la editorial, enviarle **como regalo otro libro de nuestra colección.**

Esta guía no hubiera sido posible sin el interés y la curiosidad de todos mis alumnos y alumnas, que desde hace años siguen no sólo mis clases, sino mi método. Dejándose guiar desde la verdadera confianza en busca de la salud y otorgándome así el honor de ser una pequeña luz en este camino, un poco oscuro a veces, del autoconocimiento de uno mismo.

Gracias a mi madre, por su inteligencia, por alentarme en los buenos y malos momentos, siempre, ocurriera lo que ocurriera, incluso en las locuras más grandes como fue hacerme profesora de yoga. Agradezco tanto a Marisol Sarria, por brindar su mano generosa, como ella es, cuando más lo necesitaba. Y por supuesto a María José Bosch quién creyó en mí y me impulsó a escribir este libro.

Gracias de corazón a todos los maestros que forman parte de Californian Hot Yoga porque sin ellos nada de esto tendría sentido.

Sobre la autora

 **Macarena Cutillas** es Licenciada en Derecho, a lo que se dedicó durante varios años. Cambió su vida por completo cuando descubrió que una existencia mejor y llena de salud era posible: después de su primera clase de Yoga.

Así, prosiguió su camino hacia el yoga sin saber que transformaría su vida y la dedicaría a ayudar a transformar la de otras personas en su misma situación. Macarena viaja a California para profundizar en aquella práctica que tanto le había ayudado a sanar su cuerpo y despejar su mente y acaba formándose como maestra de *Hot Yoga* en una de las mejores escuelas norteamericanas en 2011, Evolation yoga. Comienza a dar clases y siguiendo su deseo de saber más decide formarse como maestra de *Flow Vinyasa Yoga* en 2012 en la misma escuela en Santa Bárbara y después en Nueva York. Continúa sus viajes alrededor del mundo pasando por Sri Lanka, Bali, Tailandia y en 2013 decide ir a conocer la raíz del Yoga a India donde se especializa en *Flow Vinyasa Yoga* con Shiva Rea y consigue su certificación también en el Arte Marcial hindú "Kalaripayatu" en Kerala en 2014. Vuelve a la India en varias ocasiones, donde continúa su práctica. Se especializa en Bali e Ibiza en "el movimiento como medicina" cursando varios cursos de *Flow Vinyasa Yoga* con Delamay Devi en 2015. Realiza estudios de Anusara Yoga en Madrid con Gisela Vázquez en 2017 y más tarde con Tomás Zorzo de *Ashtanga* y *Vinyasa Krama* en 2018. Da clases en su centro de Madrid junto a su equipo de maestros en *Californian Hot Yoga*.

Índice

Introducción

El misterio de la vida

El yoga puede cambiarte la vida si tú quieres, y yo quise sin enterarme.

Mi historia no va sobre una gran desgracia, un duro golpe o algún trauma que me sucedió en el pasado. Va sobre sentirse perdida y no saber quién es una realmente.

Vivía en la hipocresía de una vida de esas de las que son como deben ser: un trabajo digno, una pareja adorable y algunos días de vacaciones en una playa paradisíaca. Creo que por eso fue un flechazo inmediato y claro que se clavó en mi corazón. Sucedió en una clase de Vinyasa Yoga a treinta y ocho grados de calor, donde rompería con toda la estructura social que me habían inculcado desde que nací. Ya nunca más volvería atrás; había entendido que solo podemos cambiar algo cuando tenemos el conocimiento de cómo es ese algo realmente. Y mi cuerpo y mi mente no eran como yo quería.

Todo se encontraba en la superficie y yo quería profundizar, intuía que éramos algo más que el cuerpo, que éramos algo más que la mente… Y de pronto tropecé con el yoga, que me desveló el gran misterio de la vida: tenemos una esencia y es la única que te permite ser tú, libre como el viento.

Quería alimentar el espíritu y cuidar mi cuerpo y a eso es a lo que ahora me dedico en Madrid. Fundé un lugar en medio del ruido y la prisa de la ciudad, donde parar y preguntarte: ¿qué has venido a hacer en el mundo?

Toma una gran inhalación con la nariz y dedica un momento a pensar en todas esas cosas que quieres que estén en tu vida, y al exhalar por la boca deja ir todo lo que ya no te sirva. *"Inhala a tu esencia, exhala a tu libertad"*.

Desde aquí te invito a explorar, a hacer un ejercicio de búsqueda y escucha, a brindarte un tiempo para ti, en calma y en conexión contigo.

Yoga, calor y yoga con calor

Yoga

Nadie se sorprende ya al escuchar su nombre. Pero si preguntáramos en qué consiste hacer yoga, nos encontraríamos con una curiosa variedad de respuestas. Porque… ¿es una actividad física? ¿Tal vez algo religioso? ¿O tiene que ver con meditar? ¿Qué es yoga?

La palabra proviene del sánscrito *yogah*, que significa "unión". Esa unión se produce entre el cosmos y la divinidad, lo terrenal y lo sutil, a través de una serie de actividades en las que el organismo físico conecta con la mente. Dicho de otra manera, a través del yoga unimos cuerpo, mente y espíritu para sentirnos completos.

Por supuesto, es importante resaltar que el yoga es una filosofía milenaria que nace en India. En Occidente el tipo de yoga más conocido y practicado es el yoga físico o Hatha Yoga. Quien sigue el camino del yoga es un *yogui* o *yoguini*. Su origen y significado lo veremos en profundidad en el siguiente capítulo.

Adonde yo quiero dirigir tu atención ahora es a tus anhelos, a lo que tú (y nadie más que tú) aspiras, lo que buscas y deseas. Porque seguramente, igual que me ocurre a mí, sentirás la necesidad de encontrar salud en tu cuerpo, fuerza en tu mente y paz en tu corazón. Pues bien, el yoga es la herramienta para conseguir conocerte a ti mismo y transformar lo que sea necesario para ser feliz.

¿Qué es yoga? Podemos decir que yoga es la liberación del cuerpo y de la mente.

La cuestión es ¿estás preparado o preparada para liberarte?

Así de simple y de complejo a la vez; por esa razón, para entender este libro en su integridad os empujaré a abrir el corazón, la mente, el alma y los ojos. Esto significa abrir todos tus sentidos en busca entender la vida humana, tu vida, y los cambios que puedes hacer en ella para ser más feliz.

Las ataduras o la liberación están en tu propia mente.

SRI SWAMI SATCHIDANANDA

Calor

El fuego es el centro de nuestra existencia; desde el Big Bang toda vida depende de la luz y del calor para sobrevivir. Muchos ya sabréis que los seres humanos, los planetas y el universo, toda la creación, está compuesta por cinco elementos: tierra, agua, fuego, aire y espacio en proporciones diferentes. El fuego ha sido una parte importante en todas las culturas y religiones desde la prehistoria hasta la actualidad, y fue vital para el desarrollo de la civilización. Incluso hoy podemos descubrirnos buscando el sol cuando salimos a la calle. Como el tercero de los cinco elementos, es parte de nuestro ser. El fuego interno, que recibe el nombre de *agni* en la cultura india, es la máxima expresión de cambio y transformación.

Todo esto es lo que estudié más tarde. Porque la primera vez que entré a una sala de yoga con calor, como os habrá pasado a casi todos los que hayáis probado mi método, pensé que iba a ahogarme y las tripas se me revolvieron. ¡Qué calor! No conseguía entender nada: el profesor no paraba de hablar, la gente tan tranquila haciendo sus posturas mientras no podía casi ni mantenerme en pie. Después de la primera respiración me tranquilicé (era mi sistema nervioso en realidad el que se había tranquilizado), empecé a sentir que mi cuerpo se ablandaba y que podía concentrar mis fuerzas fácilmente en la postura que estábamos haciendo, incluso siendo completamente nueva para mí. Pero el sudor chorreaba desde mi cara hasta mis pies y no podía respirar naturalmente. La tentación es siempre fijarte en las personas que tienes en la toalla de al lado y pensar: "¿Por qué ellos pueden y yo no? ¿Es que no notan el calor?". No os voy a mentir: el primer día es impactante, y dejar el ego o el qué dirán a un lado es durísimo. Sin embargo, al cabo de cuarenta minutos comencé a adentrarme en mí misma, podía sentir el latido de mi corazón, descubrí mis ojos en el espejo, mirándome fijamente: estaba completamente presente.

El calor es un potenciador de la práctica de yoga, tanto física como psíquica.

Pero el fuego o *agni* es mucho más, es la inteligencia dentro de cada célula, de cada tejido y de cada sistema del cuerpo. Es, en última instancia, el que determina qué sustancias entran en nuestras células y tejidos y qué sustancias deben ser eliminadas como residuos. De esta manera, *agni* es el guardián de la vida y de su debilidad surgen todas las enfermedades, incluso las mentales. De hecho, según el Ayurveda (medicina india), cuando el *agni* se extingue la muerte llega pronto.

¿Ahora bien, qué podemos hacer para avivar el fuego mediante la práctica del yoga?

Yoga con calor

Recordemos que el yoga nació en la India, donde hace calor en cualquier lugar, y nosotros reproducimos su clima en nuestra sala de yoga. Jugamos con la temperatura dependiendo del tipo de yoga que practiquemos, e imitamos ese calor húmedo de su tierra de origen.

Por eso nuestra *yoga shala* es una sala climatizada en la que trabajamos entre los veinticinco y los cuarenta y dos grados de calor, siempre sumados a diferentes porcentajes de humedad. Para que lo entendáis mejor, una clase en nuestra escuela es como un día de verano caluroso y mojado que, como bien dice Bikram Chourdhry, creador del *hot yoga*, "moldeará tu cuerpo como el fuego forja una espada y liberará tu mente purificándola".

En los primeros días de práctica de yoga con calor la pregunta más repetida entre nuestros alumnos o yoguis es: "¿Por qué hace tanto calor en la sala?". Y mi respuesta siempre es la misma: "El calor es tu aliado invisible". Al cabo de un mes de práctica no hacen falta más explicaciones, porque la experiencia habla por sí sola, y la pregunta pasa a ser: "¿Por qué me hace tanto bien el calor?". Esa una de las razones por las que estoy escribiendo este libro: el yoga modifica la estructura del organismo desde el interior al exterior, desde los huesos a la piel. Para conseguirlo, primero calentamos el cuerpo para poderlo ablandar, porque un cuerpo caliente es un cuerpo flexible; luego podremos darle la forma que tú quieras.

El yoga, entre otras cosas, es un sanador del cuerpo y de la mente, y el calor es un potenciador de la práctica tanto física como mental. De esta forma preparamos primero estas dos partes del ser humano para, después, poder penetrar en la siguiente: el espíritu o esencia de cada uno.

El calor —y todos los que lo hayáis probado podréis corroborar lo que aquí explico— empodera nuestra practica, y lo curioso es que hasta ahora, en nuestro país, sólo existía una modalidad de yoga con calor: el *hot yoga* (veintiséis posturas a cuarenta y dos grados de calor; a lo largo del libro explicaremos en qué consiste exactamente). Yo misma era practicante de esta disciplina de veintiséis posturas —siempre las mismas— y los dos ejercicios de respiración. Si el yoga era un sanador y el calor un potenciador, ¿por qué no abrirnos a practicar diferentes tipos de yoga con calor y no solo el *hot yoga* que existía hasta ahora? Esto podría completar la practica de muchísimas personas.

Era arriesgado, pero ya lo había visto antes en otros países.

El Método *Californian Hot Yoga*: chupitos de vida

Quería encontrar la manera de unir la práctica de yoga con calor a la naturaleza del ser humano. Y, ¿cuál es nuestra naturaleza? El continuo cambio. Esto es lo que me llevó a fundar este método; quería que fuera camaleónico, que se adaptara con sus diferentes disciplinas –todas con calor o humedad– a cada persona y a cada etapa de su vida. Porque todos somos diferentes y buscamos en cada momento de nuestra vida distintas cosas. De ahí las cinco disciplinas diferentes, cinco formas de enfocar la práctica bajo el efecto terapéutico del calor ecológico que nos brinda las condiciones meteorológicas adecuadas de su lugar de origen: la India.

En realidad nuestro método nació de una vida en la ciudad estresada y llena de carencias, nació de la visión de un estilo vida urbano mejor, lleno de salud y de libertad para disfrutar de todo nuestro potencial como seres humanos.

El cosmos está también dentro de nosotros. Estamos hechos de la misma sustancia que las estrellas.

CARL SAGAN

Los cuatro elementos

Para completar este concepto, quiero aclararos por qué es tan importante tener en cuenta los ciclos vitales. Los elementos son la forma más pura de la materia y la forma más física del universo. Cada elemento tiene, además de su componente bioquímico, su significado simbólico, y se corresponde con un plano distinto de nuestra existencia. **La tierra** es el elemento más concentrado, más sólido, el fácil de tocar, de sostener. Se relaciona con el plano más físico y concreto. **El agua** guarda la memoria emocional y evoca nuestra vida prenatal durante la cual nos desarrollamos sumergidos en líquido amniótico. **El aire** se puede mover con rapidez y ligereza y corresponde al plano de nuestros pensamientos, invisibles y variables. **El fuego** es el elemento más sutil, luminoso y cálido. Es el amor, el entusiasmo. El fuego es nuestra dimensión espiritual.

También se corresponden con las cuatro estaciones del año y con las cuatro etapas vitales del ser humano: infancia, juventud, edad adulta y vejez. Nos muestran que a cada fase le sucede otra, en un ciclo infinito de existencia. Los elementos se apoyan, se interrelacionan constantemente y nos proponen adquirir su maestría para vivir más y mejor.

En mi opinión, después de vivir en varias ciudades y conocer diferentes continentes, observando a las distintas personas y sus costumbres, me parece que el yoga con calor nace de una necesidad. Por eso está ya en casi todas las capitales de Occidente. Por suerte o por desgracia, todos nos encontramos en el mismo barco: la lucha contra el estrés, el envejecimiento, el sobrepeso, el tabaquismo, el sedentarismo y los malos hábitos de la sociedad de hoy en día hacen que nazca este peculiar yoga caliente. Es una forma de dar a las personas la oportunidad de mantener en forma su cuerpo y liberar su mente. El noventa por ciento de nosotros padecemos dolencias físicas, mentales o espirituales, y la ciencia del yoga con calor nos ayuda a descubrir una vida diferente, en paz, proporcionándonos toda la sabiduría y herramientas que nos hacen falta para combatirlas, prevenirlas, y a su vez, sanarlas.

Kayakalpa

Os contaré una historia de la antigua India. Cada texto o escritura tiene un significado esotérico u oculto, porque cuenta la leyenda que en los tiempos antiguos no querían que todos entendieran las técnicas sutiles y las practicaran sin la debida preparación. Por ejemplo, existe una técnica dentro del Ayurveda (ciencia de la medicina India) llamada *kayakalpa*, que se usaba para rejuvenecer el cuerpo entero. Consideraban que si esta técnica se hacía famosa, mucha gente querría usarla solo para disfrutar más de los placeres terrenales, en lugar de utilizarla de manera altruista. Por eso se enseña a través de un código de palabras que no puede ser entendido fácilmente por cualquiera.

Somos creados en ritmo, mantenidos vivos en el ritmo, evolucionamos a través del ritmo. Las mareas, la respiración y la sangre fluyen en ritmo. Nacemos en un universo de corrientes y nuestro corazón es el gran conductor del cuerpo, orquestando nuestra fluidez.

SHIVA REA

La verdadera esencia del yoga

Es difícil precisar con exactitud su nacimiento, pero aparece ya mencionado en los Vedas, una colección de textos sagrados redactados hace más de 3000 años, así como en los Upanishads —un poco más tardíos— que es donde se ponen en práctica estos conocimientos. El primer documento "oficial" es el Yoga Sutra de Patanjali (tratado de yoga escrito entre el siglo III a.C y siglo III d.C), y uno de los relatos más importantes es el Bhagavad Gita (perteneciente al Mahabharata, escrito en el 500 a.C), que constituyen la base de la filosofía clásica.

Sin embargo, serían hombres como Swami Vivekananda o Sri Yogananda, quienes introdujeron el yoga en Europa y en América a finales del siglo XIX.

Hoy en día trescientos millones de personas alrededor del mundo dan fe de ello y es la cuarta industria de mayor crecimiento económico en los Estados Unidos.

Mucho antes de que Occidente adoptara clases de *asanas* sudorosas y pantalones ajustados de yoga, el yoga se infiltró en la cultura de una manera mucho más grande y profunda, proporcionando a los practicantes una filosofía fundamental de cómo abrirse camino en el mundo.

Pero ¿se ha convertido en una práctica meramente física o postural? El yoga no es gimnasia ni un deporte ni un mero ejercicio físico. Hagamos un repaso a la filosofía yóguica contenida en el Yoga Sutra de Patanjali para aclarar la gran pregunta de qué es el yoga.

La práctica es el factor más importante en el yoga.

SRI SWAMI SATCHIDANANDA

Gurús y otros animales

La sílaba *gu* es la oscuridad y se dice que la sílaba *ru* es la luz. No hay duda de que el gurú es ciertamente el conocimiento que disipa la ignorancia. La mayor parte de las veces ya sabes las respuestas a las preguntas que estás haciendo. Simplemente no quieres escucharlas porque tal vez te señalan el camino más difícil. Sin embargo, cuando te tomas el tiempo para seguir tus instintos sin la influencia externa, empiezas a confiar en ti mismo. En última instancia, la única persona que realmente puede saberlo eres tú. Mientras más puedas conectarte con tu propio gurú interno, más poderoso te sentirás en tu vida.

La verdad no es algo en el exterior a ser descubierto, sino algo en el interior a ser conseguido.

OSHO

No hay duda de que una vez tenemos la pureza de mente, alguien aparecerá para decirnos el verdadero significado de las cosas. En cambio, si no estamos listos, aunque tengamos a un gran gurú delante de nosotros no podrá aportarnos nada ni hacer que nos llegué el beneficio de sus enseñanzas. Somos nosotros los que tenemos que estar abiertos a recibir. Por eso es tan importante la preparación.

Cuando el discípulo está preparado, aparece el maestro.

PROVERBIO HINDÚ

Yoga es unión, ¿pero de qué?

El mundo occidental necesita el yoga más que nunca (el oriental también, pero me gustaría darle el enfoque ahora desde nuestra cultura), y por eso es una gran tendencia. Cuando practicas Hatha Yoga o yoga físico, la primera etapa que has de pasar es la de centrarte en cuidar tu cuerpo, darte cuenta de que es tu templo, protegerlo y mantenerlo limpio. Una vez conseguido esto nos adentramos en la segunda etapa: relajar la mente. Necesitas una mente eficiente, clara y con la capacidad de concentrarse. Después de practicar yoga durante un tiempo con dedicación, cuando el cuerpo ya no está dolorido y la mente no desvaría, entonces abres la comunicación con el espíritu. En este libro os guiaré hacia un entendimiento más claro de lo que es yoga a través de estas tres partes de las que estamos hechos los seres humanos.

Cuerpo, mente y espíritu son los elementos de los que —nos guste o no— estamos compuestos, y en base a ellos tenemos unas necesidades que es preciso satisfacer para llevar una vida plena.

La necesidad física es la salud, la necesidad psicológica es el conocimiento y la necesidad espiritual es la paz interior.

SILVA, MIRA Y SHYAM MEHTA

Alumnos de B.K.S Iyengar

Hay que ser sinceros: en la sociedad moderna nos enfrentamos a problemas que afectan a los tres aspectos y que los separan entre sí. En mi opinión, se demuestra continuamente que lo material no consigue saciar nuestros anhelos ni nuestras ansias de ser felices. El estilo de vida actual cuenta con gran cantidad de avances tecnológicos para conseguir inmediatez, menor fatiga física, mayor comunicación a través de medios audiovisuales etc., pero a cambio tenemos cuerpos débiles, rígidos, dolores de espalda y cuello, pesadez en las piernas y cansancio visual, entre muchas otras dolencias. La competitividad también afecta a nivel interno y se refleja en ansiedad, estrés, insomnio y ciertos problemas digestivos, respiratorios o nerviosos que sin tiempo para equilibrarlos acaban empeorando nuestra calidad de vida. Sin querer, nuestros valores se han ido construyendo sobre pilares ficticios y hacia la posesión de bienes materiales que nublan nuestro propósito espiritual de vida, porque siempre queremos más. Es la sociedad del "no sé lo que quiero… pero lo quiero ya".

El yoga puede cambiarte la vida si tú quieres. A nivel físico, la práctica de posturas o *asanas* de yoga fortalecen y sanan el cuerpo. Desde el punto de vista psicológico, afina el intelecto, ayuda a la concentración y estabiliza emociones. En el terreno espiritual sitúa la vida en perspectiva, aporta conciencia y paz interior. Es entonces cuando por fin alcanzamos un equilibro, que llega cuando estas tres piezas del ser humano se unen y nos hacen completos. En el primer capítulo de los Yoga Sutras de Patanjali, este va describiendo estas formas de comportamiento a seguir para la búsqueda de la esencia de uno mismo. Esta es la clase de yoga que realmente nos cambiará la vida.

Cada día, gracias al yoga, podemos revisar nuestro progreso y ver que somos un poquito mejores, cada día deberíamos elevarnos un poco, ensanchar nuestras actitudes, reducir nuestro egoísmo y hacernos mejores amos de nuestro propio cuerpo, sentidos y mente.

SRI SWAMI SATCHIDANANDA

Y cualquiera persona, sin distinción de edad, salud, circunstancias vitales o religión, puede practicar yoga.

Nunca eres demasiado viejo, ni estás demasiado enfermo, ni es demasiado tarde para comenzar de nuevo.

BIKRAM CHOUDHURY

Ocho razones para practicar yoga

El yoga es una filosofía, una ciencia y un arte que nació hace miles de años; para entenderlo fácilmente podemos imaginarlo como un conjunto que recoge ética, disciplina y práctica física. Patanjali lo fragmenta en ocho etapas reconocidas por todos los practicantes de yoga, ocho pasos a seguir para purificar el cuerpo y la mente. Cada uno forma parte del todo, y lo bonito de esto es que si vamos hilando uno con otro, si vamos ensartándolos como si fueran cuentas de un collar, día a día, práctica a práctica, trazaremos un camino hacia la liberación de nosotros mismos. Es verdad que los códigos éticos y morales del yoga pueden perderse en medio de la popularidad de la postura o *asana*, y es por eso que mucha gente mira el yoga como algo meramente físico. Sin embargo, son la clave que falta para encontrar la fuerza, el poder y la transformación del verdadero yoga, dentro y fuera de la esterilla. Este es el legado que nos deja el sabio Patanjali y que desde hace miles de años vamos recogiendo todos los yoguis para la búsqueda del interior de cada uno.

El poder que reside en el corazón de la consciencia es la libertad.

SRI ABHINAVAGUPTA

Los ocho aspectos del yoga:

- *Yamas* (principios éticos a seguir con el mundo exterior y con los demás)
- *Niyamas* (reglas de comportamiento personal)
- *Asanas* (práctica física de las posturas)
- *Pranayamas* (técnicas de respiración)
- *Pratyahara* (control de los sentidos)
- *Dharana* (concentración de la mente)
- *Dhyana* (meditación)
- *Samadi* (consciencia o iluminación)

Es curioso descubrir a través de ellos cómo corriendo de un sitio a otro, mirando hacia el exterior, hacia lo material, no vamos a encontrar el conocimiento que buscamos. El conocimiento se consigue dirigiéndote hacia dentro, yendo hacia el interior para conocernos de una vez a nosotros mismos.

Vive como si fueras a morir mañana. Aprende como si fueras a vivir siempre.

MAHATMA GANDHI

Conócete

Los cinco *yamas* nos piden a los practicantes que evitemos la violencia, la mentira, el robo, la energía derrochadora y la posesividad, mientras que los cinco *niyamas* nos piden que adoptemos limpieza y satisfacción, que nos purifiquemos a través del calor, que estudiemos y observemos nuestros hábitos continuamente, y nos rindamos a algo más grande que nosotros mismos. Muchos de estos principios tienen matices polifacéticos; esto es porque todos tenemos diferentes gustos. Por esa razón las escrituras ofrecen distintos caminos a seguir.

Centrémonos en los *yamas;* la primera rama del yoga está constituida de:

Ahimsa: no causar dolor a uno mismo o a los demás, incluso con palabras o de pensamiento.

Satya: es la verdad, decirla y ser consecuente siempre con ella.

Asteya: no robar, tanto cosas materiales como ideas.

Brahmacharya: continencia del deseo. No significa no obtener placer sexual o no mantener relaciones sexuales, sino tener el control sobre ellas y poder elegir.

Aparigrahah: es la no ambición, no acumular cosas y no aceptar regalos que puedan comprarnos.

La segunda rama, *niyama*, se ocupa de las observaciones sobre nosotros mismos:

- **Sauca**: la purificación y limpieza.
- **Samtosa**: estar contentos.
- **Tapah**: quemar aquello que no queremos.
- **Avadhyaya**: autoestudio y estudio de los textos antiguos.
- **Isvarapranidhanani**: entrega a algo superior.

Practicar todas a la vez resultaría imposible y probablemente pronto desistiríamos en el intento. Practicando una sola de estas virtudes, el resto la seguirán. Si una es pulida y completada, todo lo demás vendrá solo.

El yoga que surgió del calor

¿Cuántos de nosotros dormimos mal? ¿Cuántos tenemos la piel apagada, seca o sin vida? ¿Cuántos sufrimos estrés sin saberlo y nos encontramos impotentes porque creemos que no podemos hacer otra cosa que medicarnos? ¿Cuántos tenemos un hobby o un deporte que nos gusta, pero que vamos abandonando por falta de ilusión y motivación? ¿Quiénes de vosotros padecéis dolor en las rodillas o en la espalda? ¿Cuántos sentimos deseos por cosas que no necesitamos? ¿O miedo ante la incertidumbre de estar vivos?

Yo era claro ejemplo de todo esto, y no me da vergüenza admitirlo. Y descubrí que es una elección tan simple como practicar yoga lo que puede cambiarte la vida.

El calor moldeará tu cuerpo como el fuego forja una espada y liberará tu mente purificándola.

BIKRAM CHOUDHURY

Siempre me refiero al calor ecológico, que es el que tenemos en nuestro estudio (generado con hueso de aceituna y libre de tóxicos), puesto que es más limpio. Limpia la piel y el sistema respiratorio con solo estar en la sala.

Limpia y da esplendor

Sudar es algo natural, un proceso natural del cuerpo diseñado para ayudarlo a regular la temperatura y eliminar tóxicos de nuestro organismo. El sudor es un líquido transparente producido por las glándulas sudoríparas situadas debajo de las capas superficiales de la piel; está formado por agua, sales minerales y toxinas (sustancias de desecho) y es transportado por conductos excretores para que salga a la superficie, dando lugar a la sudoración. Una persona normal pierde un litro de sudor al día, y si haces deporte puedes perder un litro a la hora.

La expresión "toxina" se puede definir como "veneno" o un desecho que no se ha eliminado bien y que se asienta en cualquier parte del cuerpo, atacándolo. Se encuentran en el aire, en alimentos, en el agua, incluso en productos cosméticos. Otros se encuentran en nuestro cerebro. El contacto con ellos, por desgracia, es inevitable. Es verdad que el organismo está acostumbrado a cierta dosis de toxicidad, y un sistema inmunitario sano suele acabar con las toxinas. Pero desgraciadamente cada vez hay más toxinas con las que nos encontramos en la vida común. Un reciente informe de la OMS estima que casi una de cuatro enfermedades tiene una causa ambiental. ¡Nuestro cuerpo tiene que defenderse de las toxinas! El organismo elimina toxinas a través de la orina, los excrementos, la respiración y el sudor, pero la sudoración se produce a través del órgano más grande que poseemos: la piel. Por eso la liberación de toxinas y desintoxicación del cuerpo es más rápida a través de esta. Desde hace mucho tiempo, la sudoración ha sido percibida para promover la salud, no solo acompañada de ejercicio, sino también la producida por el calor. Las tradiciones y costumbres en todo el mundo incluyen los baños romanos, casas de sudor aborígenes, saunas escandinavas (calor seco), los baños turcos (con vapor) y los tratamientos ayurvédicos. Entre los síntomas más frecuentes que indican sobrecarga de toxinas en las personas destacan: alergias, asma, fatiga, tos, estornudos, problemas digestivos, dolores musculares, insomnio, infecciones frecuentes, celulitis u obesidad, retención de líquidos, dolor de cabeza, pérdida de memoria y concentración, depresión, etc.

Nuestro **sistema inmune se reforzará** gracias al calor. Es sabido que el estrés afecta mucho al sistema inmune y por ello la relajación que genera el ambiente cálido, que aleja la ansiedad, ayudará a nuestro cuerpo a luchar con mayor eficacia contra posibles infecciones o enfermedades.

El antídoto contra los dolores

Cualquier persona con limitaciones de movimiento entiende lo importante que es poder moverse sin dificultad, pero generalmente las personas con un cuerpo sano no lo entienden hasta que experimentan una lesión. El noventa por ciento de nosotros padece dolencias o limitaciones físicas en algún momento de la vida. El calor nos ayuda a descubrir una vida diferente, calienta nuestros músculos y hace posible que profundicemos más en nuestra práctica, manteniéndonos a salvo y permitiendo trabajar todas las estructuras del cuerpo con el menor riesgo de lesiones. Además ejerce un efecto terapéutico para estas, no solo curándolas sino también previniéndolas. Nos proporciona mayor libertad de movimientos, puesto que potencia la flexibilidad y hace que nuestros músculos y tendones se vuelvan más elásticos en menos tiempo, observando el efecto de su trabajo mucho antes.

Posee un efecto regenerador tan potente de las células, tejidos, órganos, músculos, articulaciones y ligamentos, que reestructura nuestro organismo.

El primer efecto del calor en el individuo es la reducción de los dolores y sufrimientos del cuerpo; es como un bálsamo caliente para las articulaciones, tendones, ligamentos, huesos, columna vertebral, y músculos de todo tu ser, que suaviza la tensión acumulada de días, semanas, meses o incluso años, disminuyendo el insomnio y regulando el sueño.

Hay estudios que sostienen que la práctica de yoga mejora las condiciones de vida de personas que sufren **artritis, osteoporosis, fatiga crónica, asma o arterioesclerosis**.

 Os contaré un hecho real de una persona a la quiero muchísimo: la primera alumna que tuve, mi madre. Meli Camacho empezó a practicar hace unos seis años, justo cuando yo abrí las puertas de mi centro en Madrid. Tenía un 60% de osteoporosis diagnosticada en la cadera, y aunque todavía no sufría ninguna lesión grave estaba predestinada a una segura enfermedad. Practicaba a diario, entre cuatro y seis veces a la semana; yo la "reclutaba" (por no decir que la "obligaba") para que asistiera a ¡todas mis clases! Y pensaba: "Si no sucumbe en el intento, seguro que algo bueno va a suceder". Y así, como suele ocurrir con esta práctica, se enganchó totalmente al yoga con calor. Su médico insistía en que este tipo de enfermedades no suelen mejorar porque la osteoporosis es la pérdida de hueso, y una vez que se pierde poco se puede hacer. Nos explicaba que los principales síntomas son la debilidad y fractura de los huesos. Pues bien, hace más o menos un año íbamos mi madre, su dálmata y yo a la compra a un supermercado de la urbanización. Compramos y ella llevaba varias bolsas en las manos, además de su perro "Carlo" con su correa. Bajando una escalera de unos treinta peldaños, bastante empinada y toda de piedra, tropezó. Su cuerpo empezó a rodar como una peonza, las bolsas salieron despedidas y volaron como dos metros en el aire. El perro se hizo un esguince en la pata izquierda y yo os prometo que jamás he visto caer así a una persona de su edad (perdona por esto, madre): ¡parecía de goma! En un momento pensé que iba a hacer un mortal en el aire, porque dio tres volteretas mientras se golpeaba contra los peldaños de la afilada escalera. Cuando llegó abajo, lo más alucinante es que cayó... ¡casi de pie! Había varias personas alrededor, que no daban crédito de las piruetas de aquella señora que se levantaba tan tranquila. Como si fuera algo habitual en su vida caerse y levantarse. Recogimos las bolsas, al perro llorón y nos fuimos a casa como si nada de esto hubiera ocurrido. Cuando llegamos a la siguiente cita con el doctor, este con gran sorpresa nos dijo que la osteoporosis había mejorado en un 80%, sin medicamentos y desafiando la ciencia de la medicina. En cualquier caso, después de aquel suceso yo ya sabía lo que nos iba a decir. Estar sano no es solamente ser fuerte: es ser fuerte y flexible por igual. Ahora, claro, me agradece el maltrato que padeció en sus inicios. Y el médico recomienda nuestro centro a sus pacientes.

Cambia el chip y adelgaza

Lo que más preocupa a la mayoría de la gente no es solo bajar de peso —que no es tan difícil en algunos casos— sino en no volver a engordar. Por lo que verdaderamente están luchando titánica y diariamente el 99,9% de las personas es por frenar la tendencia a engordar. Cualquiera de nosotros firmaría un pacto con el diablo para mantener su peso ideal a lo largo de los años.

El calor favorece la pérdida de peso, pues acelera el metabolismo y ayuda a quemar grasa con más eficacia. Una de sus grandes cualidades es que ayuda a potenciar la estimulación de la glándula tiroides, que muchas personas tienen ralentizadas a causa de sucesivas dietas, medicamentos, menopausia, etc. Con estas prácticas se activa la tiroides y la paratiroides, regulando el metabolismo. Por otro lado, el calor hace que suprimamos toda la retención de líquidos que tenemos depositado en el cuerpo por malas digestiones, la estrés y la toxicidad, además de eliminar toxinas para que no lleguen a depositarse en el organismo en forma de grasas. La piel se transforma apartando celulitis, flacidez, etc…

También hay un trabajo cardiovascular, fortaleciendo el corazón sin impactos en las articulaciones, sin saltar, ni trotar ni dañar las vertebras.

Quiero resaltar la importancia del músculo a la hora de adelgazar y quemar grasas. No solo el estar musculado es más estético y atractivo, sino que el músculo tiene muchas otras funciones, aunque las más importantes sean la sujeción y sostén de nuestro esqueleto. Cuanto más fuertes sean nuestros músculos menos dolencias vamos a tener en nuestros huesos. La otra función es la de quemar. El músculo es el mayor quemador de grasas que tiene nuestro organismo, y está a nuestra disposición, preparado exclusivamente para eliminar cualquier depósito de grasa que se acumule en nuestro cuerpo. Y no solo estás eliminando grasa durante la clase de yoga con calor, sino que el efecto sigue funcionando durante las veinticuatro horas siguientes.

Moldea la silueta como el fuego forja una espada. La alternancia de contracción y estiramiento de los músculos aumenta el flujo sanguíneo por medio de la compresión y expansión de las venas, incrementando así el ritmo cardiaco y respiratorio creándose un movimiento aeróbico, pero sin impacto en tus articulaciones y huesos como puede producir en algunas ocasiones otros deportes aeróbicos, permitiendo la pérdida de grasa rápidamente.

Cuando realmente te comprometas a practicar yoga con calor de una manera constante, tu cuerpo será tan eficiente que procesará todos los alimentos antes, absorberá sus propiedades de manera más eficaz, comerás menos, todo se tornará más natural y empezarás a ser consciente de lo que de verdad necesita tu organismo.

Tu tarea no es buscar el amor, sino simplemente buscar y encontrar todas las barreras que has construido dentro de ti mismo.

RUMI

Inyecciones de juventud

En mi opinión, envejecer mentalmente no es tan malo. Sin embargo, físicamente parece que todo cuesta más. Lo cierto es que perdemos la flexibilidad, el equilibrio y la fuerza. Especialmente una vez que llegamos a nuestros treinta años, cuando empezamos a perder volumen muscular, la piel se hace más débil y el sistema hormonal comienza un nuevo ciclo, sobre todo en las mujeres. El calor, siempre que esté a la temperatura perfecta, permite calentar los músculos y así poder trabajar en mayor profundidad durante un período más corto. Veremos los resultados antes. El yoga no solamente consiste en trabajar los músculos, sino en masajear los tejidos, órganos y las glándulas, y mejora la circulación sanguínea.

Los seres humanos envejecemos, entre otras cosas, cuando la sangre deja de alcanzar determinadas partes del cuerpo; el oxígeno no llega hasta ellas y acaban secándose y muriendo. Digamos que el calor ayuda a que la sangre se vuelva más ligera, ayudando a la circulación y consiguiendo que riegue todos los rincones de nuestro organismo. De esta manera trabaja en lo que llamamos anatomía sutil, renovándote y revitalizándote a nivel celular y cuidando de manera invisible cada átomo y molécula.

Uno de los efectos asombrosos del yoga con calor es la manera en la que **aumenta tu energía** en lugar de reducirla: después de practicar noventa minutos de posturas a cuarenta grados de temperatura, no te arrastrarás agotado, sino que tendrás ganas de hacer cosas. ¿Por qué? Primero estarás mejor, de manera que procesarás la energía más eficazmente, es decir, necesitarás menos descanso para hacer más cosas. Gracias a los ejercicios de respiración generarás gran cantidad de *prana* o "energía vital"; estarás más vigorizado, y como utilizarás más capacidad de los pulmones, oxigenarás todas las células, recargándolas de energía. Según algunos gurús indios, una sesión de yoga a estas temperaturas proporciona una energía suficiente para dieciséis días de salud y aumenta la longevidad. Practica otra vez al día siguiente y ganarás otros dieciséis días en uno solo. ¡Es como ingresar dinero en el banco para tu futuro! ¡Y aumenta con intereses! Ese excedente energético probablemente sea lo que mantiene a los yoguis tan jóvenes. Además, el practicar con calor ayuda a nuestra piel a estar más **tersa y firme**, realizando así mejor su función.

Gran parte de la juventud está en **la columna**. Esta es el motor de nuestra vida; si tienes una columna fuerte y sana el mundo es tuyo, puesto que es la fuente de toda la energía de la vida humana. Podemos hacernos millones de tratamientos faciales, incluso corporales, y parecer mucho más jóvenes, pero amigo mío, si caminamos encorvados se nos ve el plumero... Excepto el cerebro y la corteza cerebral, todo el sistema nervioso pasa por ella y está protegido por su estructura ósea. Con el yoga con calor le damos la oportunidad a la columna de estirar hasta su máxima capacidad, creando un espacio entre las vértebras que elimina la presión en los discos. Al fortalecer y desarrollar los músculos de la espalda ayudamos a la tracción natural y humana (y no mecánica). De esta manera la columna estará sana y también los nervios que la atraviesan. Rejuveneciendo de dentro a fuera, y no al revés.

Por eso se cuenta entre los yoguis, a modo de leyenda, que uno se queda en la edad en la que empieza a practicar. Esta es la razón de que el aspecto de las personas que practican yoga, y en concreto el yoga con calor, es casi siempre juvenil. Te quedas en la edad en la que empiezas a practicar... ¡seguro que más de uno hubiera empezado mucho antes, de haberlo sabido!

Al final, el efecto más importante —en mi opinión— es que se trata de un *antiaging* para el cuerpo, la mente y el espíritu.

La sala de torturas

El yoga con calor te produce una gran incomodidad. Si el lector se pone en situación, en una clase de *hot yoga* verá que se encuentra en una sala a cuarenta y dos grados de calor húmedo, haciendo posturas con el cuerpo que desafían al corazón, a los pulmones e incluso a los sentidos. El profesor no va a decir que si no puedes no lo hagas: te forzará a estirar rodillas, te presionará para ir más allá de tus límites. No esperes que te digan que lo que haces está bien: te diremos las verdades, la verdad más dolorosa. Te diremos que aún te falta mucho, que eres un vago, que

tienes que superarte y te llevaremos a la incomodidad
más horrible dentro de nuestra sala "de torturas" (como
la llama Bikram Choudhdry).

El espejo es otro reto más, único en este tipo de practica.
Te obligaremos a observarte: nuestras clases de yoga son
como un día caluroso en el que tienes que enfrentarte a la
incomodidad más absoluta. Te presionaremos para que
te despojes de todas tus ataduras externas y empieces a
ir hacia tu interior. Para que dejes de culpar a los demás,
a lo que te ocurre, para que abandones el victimismo y
te responsabilices de tu propia vida. Mirarte al espejo su-
pone observar lo que no te gusta de ti, tus errores, tus
defectos, las justificaciones que tu mente crea para limitarte. Con un espejo de más de dos metros y medio de
altura delante de ti no hay escapatoria, no hay excusas
para no tener enfrentarte a la realidad. Pero en esta lucha
con tus demonios internos te encontrarás contigo misma o contigo mismo, y te conocerás mejor. Te haremos
fuerte para enfrentar cualquier cosa que te ocurra en la
vida. Has de saber que el calor te empuja hasta tus límites
y más allá.

Templa la mente ayudando a pararla, y así calma el stress
y el sistema nervioso. Fomentando el vivir el presente,
nos impulsa a comprender no solo el mundo físico, sino
el psicológico y espiritual, porque al desconectar durante
un rato nos sintoniza con nuestro interior, nos hace sentir, descubrir nuestras emociones más profundas como
pueden ser la ira, la rabia, el odio, la pereza, el miedo…

¡Hay que sacar lo que llevamos dentro, para que no lo somaticemos el día de mañana sin saber ni por qué!

Aprenderás a usar de manera consciente el poder de la concentración, el autocontrol, la determinación y la paciencia. Tu autocontrol aumentará ante situaciones extremas, forjándose la confianza en ti misma o ti mismo, postura a postura, clase a clase, gota de sudor a gota de sudor. Créeme si te digo que cuando lleves un tiempo practicando sentirás la responsabilidad y el deber de conocerte mejor, puesto que el yoga no es otra cosa que un camino de autoconocimiento y autotransformación que los maestros de la antigua India nos han brindado, y que ahora yo te ofrezco a ti para ser feliz.

Sentir la relajación completa, abandonar nuestra mente alborotada a un lado, concentrarnos en el aquí y el ahora... La tranquilidad mental que tenemos tras una hora y media de yoga con calor la sentiremos a lo largo de todo el día. Un estado de paz interior ayuda a lidiar mejor con las dificultades o con las tensiones.

Te conecta con tu espíritu, tu esencia, con lo que de verdad quieres, deseas, eres. Hacemos un estiramiento del alma mediante una regeneración del cuerpo, una renovación de la mente y una construcción de espíritu. La enorme mejoría de tu calidad de vida y de tu actitud hacia la misma se reflejará en cada célula de tu organismo.

El calor nos invita a ir hacia el interior, a conectar con nuestro yo interno para encontrar la paz y serenidad de espíritu. Cuando te encuentras practicando posturas a temperatura alta y con cierto grado de humedad, el mundo externo —y te aseguro que lo podrás comprobar tu mismo—, pasa a un segundo plano.

El secreto de la libertad humana es actuar sin apego a los resultados.

Bhagavad Gita

En busca de la salud

Tu templo

Entrando ya en la dimensión física del yoga nos encontramos con el cuerpo. El cuerpo humano posee millones de células; dependiendo del cometido de cada una de ellas varía su tamaño, forma y composición, y son las que generan energía para todas las actividades de nuestra vida. Estas células se unen y forman tejidos, y estos tejidos a su vez forman los órganos. Cada célula es como un edificio que se está construyendo y depende de tres fases: los materiales (la comida), la construcción (enzimas y hormonas) y los escombros (a través de la sangre).

Además, nuestro templo consta de doscientos seis huesos que nos sujetan, protegen los órganos y nos dotan de movimiento. Todos los huesos están gobernados por el sistema endocrino, y los setecientos músculos que poseemos son los que mueven los huesos. Podríamos decir que el sistema nervioso es una red que comunica los mensajes del mundo exterior a los órganos y los tejidos internos, los lleva hasta el cerebro y les da respuestas a todos ellos. Como última pieza de esta máquina perfecta, el cerebro, el guardián de la vida que permanece activo las veinticuatro horas del día, supervisando y dirigiendo nuestra existencia a través del sistema nervioso. El cerebro controla el pensamiento, la memoria y las emociones, así como los sentidos.

¡Y todavía pensamos que somos imperfectos! Que cuando consigamos, hagamos, lleguemos, compremos, tengamos… seremos por fin felices. Pero tú ya eres perfecta/o. Ya tienes todo lo necesario para ser feliz. Y la vida, querido yogui, es ahora mismo. En este instante está ocurriendo tu vida. El yoga te da las herramientas para entender tu propio poder como ser humano: vivir el presente.

Una familia muy unida

Antes de pasar a determinar el tipo de yoga que practicas o vas a practicar con tu cuerpo, debes saber que las ramificaciones del yoga son numerosísimas y es esencial hacer un breve resumen. En realidad, todas las ramas se entrecruzan y a veces coinciden, son como caminos que conducen a la misma cima desde puntos completamente distintos. Van destinadas a diferentes seres humanos y ahí reside la riqueza de esta practica tan antigua. Los maestros establecieron ocho formas diferentes:

Hatha Yoga, Raja Yoga, Karma Yoga, Kriya Yoga, Bhakti Yoga, Mantra Yoga, Jnana Yoga y Laya Yoga.

Hatha Yoga es la practica física mediante *asanas* (posturas) y *pranayamas* (respiraciones). Es la búsqueda de la salud del cuerpo. Se cree que al perfeccionarlo y crear una condición física saludable, el organismo se prepara mejor para el despertar. Los primeros efectos que se sienten suelen ser una mejor salud y un sistema nervioso fortalecido.

Karma Yoga es el camino del trabajo, la actividad, la empresa. Muchos empresarios o empleados, aunque jamás hayan oído la palabra "yoga", siempre que realicen sus trabajos de manera desinteresada para hacer el bien como primera causa, actúan al estilo del Karma Yoga. "Karma Yoga es el yoga del hombre de acción inspirado por un ideal", dijo *sir* Paul Dukes. Es el aprendizaje de cómo hacer bien todas las cosas, y en mi opinión es buscar la excelencia en lo que haces, tratando de economizar la pérdida de energía (las distracciones, la impaciencia, el estar preocupados por algo…; en resumen: el desgaste innecesario). Estudia las causas y los efectos de las acciones, por eso a veces el término "karma" puede interpretarse como premio y castigo, o hablamos de buen y mal "karma".

Bhakti Yoga es el sendero de la devoción, la forma más difundida de yoga en la India al ser un modo de completar a todo aquel que tiene una mente religiosa o devota. Esto no quiere decir que sea más fácil, pues requiere una completa negación de los valores terrenales y no son muchas las personas las que están dispuestas a esto.

Raja Yoga es el estudio de la mente y de la conciencia. Nos conduce hacia la poderosa concentración de la mente, que nos lleva a utilizar de manera correcta la intuición.

Una de las primeras lecciones del yoga es no desaprobar nunca a otros por su estilo de vida y por el hecho de que sus costumbres sean diferentes a las nuestras. "No juzgues si no quieres ser juzgado" debería quedar grabado en el corazón de todos los aspirantes de yoga.

Jnana Yoga es el camino para alcanzar la sabiduría por medio del estudio, el aprendizaje, el pensamiento y la meditación.

En palabras de *sir* Paul Dukes, "tal como un hombre piensa en su corazón, así es él".

Mantra Yoga es la ciencia del sonido y la vibración. A través de cantos y mantras, centramos nuestras intenciones y relajamos la mente.

Kriya Yoga se refiere a las acciones diseñadas para librar al cuerpo y la mente de las obstrucciones. Kriya Yoga es un sistema completo que incluye mantras, meditación y otras técnicas, para controlar la fuerza vital y brindar calma y control sobre el cuerpo y la mente.

Laya Yoga es el estudio de la energía, tanto del organismo humano como del universo. El uso de la imaginación y las ideas esotéricas, traspasando los límites de la mente humana. Tiene que ver con los *chakras*, la meditación y la energía cósmica.

Es posible que ya estés involucrado en una o más de estas ramas. Puede que ya seas un *hatha yogui* o *yoguini*, practicando las posturas con un maestro. Si eres un voluntario en un comedor para indigentes o en un hospital de pacientes con sida, o simplemente cuidas de tus mayores estás practicando Karma Yoga. Tal vez la lectura de este libro despierte un profundo interés por el estudio de la filosofía del yoga en ti, y te sitúe en el camino del Jnana Yoga. Recuerda que no necesitas limitarte a una sola expresión, puedes practicar Hatha Yoga, cuidar el cuerpo físico y al mismo tiempo cultivar el estilo de vida de un *bhakti yogui*, expresando compasión por todas las personas que conoces. Confía en que cualquier vía de expresión yóguica atraiga tu interés, y probablemente sea la ruta de yoga correcta para ti.

Aunque parezca complicado el mensaje es simple: el Hatha Yoga nos ayuda en el deber de cuidar el cuerpo —que es nuestro templo— para que sea digno de ser habitado por nuestra mente y podamos desarrollarla, llegando así al lugar que nos sitúa ante la responsabilidad de encontrar el sentido de nuestra vida, nuestro espíritu.

He sido un buscador y lo sigo siendo, pero paré de mirar en libros y estrellas y empecé a escuchar a las enseñanzas de mi alma.

RUMI

El eslabón perdido

Ahora podemos entender mejor que el yoga físico es el Hatha Yoga, y que es solo una parte diminuta de lo que es el yoga en realidad. Quiero contaros la historia de donde viene su nombre.

Ha y *tha*, el sol y la luna, se refieren a las dos corrientes opuestas que regulan todos los procesos en nuestro cuerpo. Cualquier cosa en nuestro universo existe debido a una carga positiva y negativa.

El equilibrio entre estas dos poderosas fuerzas es lo que mueve nuestro planeta y también lo que compone nuestro organismo. Una zona pertenece al sol (la parte derecha) y otra zona pertenece a la luna (la parte izquierda), y su equilibrio significa salud. El yoga construye armonía y por eso es curativo. La enfermedad es inevitablemente un desequilibrio bioquímico.

Hatha Yoga es conocido por las *asanas* o posturas. Algunos *hatha yoguis* incluso pueden demostrar control sobre órganos internos, el flujo sanguíneo y la respiración. La capacidad de algunos yoguis para detener incluso por completo la respiración y el latido del corazón durante un período de tiempo se ha demostrado ya en laboratorios.

Partiendo de que todo lo que practiques será Hatha Yoga, podemos advertir los múltiples estilos modernos con sus diferencias, nombres y matices distintos. Así pues, tendríamos métodos de Hatha Yoga practicados en Occidente con nombres como Anusara, Iyengar, Sivananda, Ashtanga, Vinyasa, Flow, Dinámico, Bikram, Power, Integral, Kundalini y muchos tipos más, que pueden ofrecer diferencias entre sí.

Un sanador es en esencia alguien que ayuda a otra persona a darse cuenta de su plenitud inherente, con independencia de los resultados del tratamiento.

CYNDI DALE

El calor y sus secretos

Partiendo de que el yoga caliente es todo yoga que se practique en una sala climatizada con calor y humedad, podemos decir que dentro del yoga con calor, existen varios modelos, pero todos son yogas físicos o Hatha Yoga. Esta es una cuestión que me alegra mucho poder tratar de manera más profunda, ya que existe siempre gran confusión en el asunto. Antes de fundar Californian Hot Yoga, en España solo existía el Hot Yoga o Bikram Yoga dentro del yoga con calor (una secuencia fija de posturas que se practican a cuarenta y dos grados de temperatura). Era lo que yo empecé practicando. Pero como os contaba al principio del libro, siempre he pensado que las personas somos continuo cambio, y que el yoga ha de estar en consonancia con nuestra naturaleza para conectarnos con la vida y con el poder curativo de esta. Igual que el flujo de vida tiene diferentes ritmos dependiendo de la hora del día, la semana, la luna o la estación, nuestra práctica debe ser acorde a estos ciclos innatos en nosotros también. Repetir una secuencia, siempre la misma, hace que practiquemos de una manera rígida, y en mi opinión nos arrebata la oportunidad de movernos al ritmo que necesitamos en cada momento.

La vida es continuo cambio. Aprende a surfearlo.

SWAMI SATCHIDANANDA

No puedes detener las olas, pero puedes aprender a surfearlas.

JON KABAT-ZINN

Basándome en esta creencia ideé la manera de englobar varios tipos de yoga físico con calor en el mismo centro, que permitiera al alumno conectarse con su momento de existencia. Así convertí este centro en el primer estudio de yoga con calor en España que combina cinco tipos de yoga con diferentes temperaturas, elegidos cuidadosamente y de manera intencionada, para obtener una práctica integral, y en definitiva el bienestar de los alumnos. Practicando las cinco disciplinas del método, mientras trabajas cada músculo del cuerpo la mente se encuentra en un estado de relajación, y en cada clase podrás experimentar lo que llamamos "una meditación en movimiento". Intenté, de alguna manera, aprovechar la evolución de la ciencia del yoga con un estilo moderno (como el

Flow Vinyasa Yoga o el Hot Yoga), pero conectado con las raíces de tradición hindú (como el Hatha Yoga o el Ashtanga Yoga), al fin y al cabo cuna de todas las modalidades de esta práctica, evitando siempre no desvirtuarla.

Californian Hot Yoga es una forma de trabajar el cuerpo, despejando la mente y conectando con tu esencia o espíritu.

Vivimos bajo el mismo techo, pero ninguno tenemos el mismo horizonte.

KONRAD ADENAUER

Seguramente habrá lectores que piensen que para hacer yoga hay que colocarse la pierna detrás de la oreja o hay que ser muy flexible o estar en forma. Me gustaría explicarle que nada más lejos de ello. Todos somos rígidos y débiles antes de empezar a practicar, incluso los profesores. Precisamente es una dinámica abierta a todo tipo de practicantes y niveles, y para eso no hace falta ser superelástico ni contorsionista. Todo el mundo puede practicar yoga, hombres y mujeres de cualquier edad, deportistas profesionales o personas que nunca han hecho deporte, pero sobre todo, quien sueñe con la mejor versión de sí mismo o de sí misma, porque esta práctica milenaria comprende al ser humano en su totalidad, e integra las tres partes de las que estamos hechos: cuerpo, mente y espíritu. Todos pueden practicar el método Californian Hoy Yoga. Tan sólo necesitan una cosa: empezar.

Solo hay una manera de llegar al destino: EMPEZAR

SRI CHINMOY

Hot Yoga: el sanador

La cuna

Nace en la India en los años 70; su creador, Bikram Choudhury, era de Calcuta. En esa ciudad, en torno a los años 60, nadie podía permitirse adquirir medicinas o ir al médico. La población acudía a su gurú y este les prescribía las posturas que tenían que practicar para curarse de sus enfermedades. Si el paciente tenía dolores de espalda, se les aconsejaba posturas para la columna; si tenía problemas digestivos, les recomendaban posturas para los intestinos, y así trabajaban con todas las dolencias que presentaba la sociedad. Uno de estos grandes gurús del momento y de todos los tiempos era Bishnu Charan Gosh, el hermano menor de Paramahasa Yogananda. Gosh era médico, ingeniero, profesor, atleta, poeta, filósofo y abogado. En seguida observó algo especial en

Bikram Choudhury, el creador de esta disciplina, y le eligió como su discípulo.

Bikram siempre fue un alumno aventajado, que practicaba tanto y tan intensamente que pasaba meses durmiendo muy pocas horas al día y practicando las posturas de yoga una y otra vez, hasta que el dolor y el cansancio se hacían insoportables. A la edad de trece años consiguió ser el atleta más joven que jamás ganó el campeonato indio de *asanas* de yoga. Sufrió un grave accidente levantando pesas y se lesionó una rodilla. Los médicos le dijeron que no volvería a andar y querían amputarle la pierna, pero él llamó a su maestro y este fue quien le salvó gracias al yoga. A consecuencia de aquello, Bikram decidió convertirse en profesor.

Le admitieron entre los gurús y comenzó a curar con ellos. Cada día cientos de personas esperaban para ver a los maestros, y así, curando a las personas, advirtieron que los mismos males se repetían en la sociedad. Dolores de espalda, cuello, rodillas y ciática, dolores de cabeza o migrañas, sobrepeso o falta de apetito, desórdenes hormonales, dolencias de corazón, enfermedades pulmonares, mala circulación, tensión alta, diabetes, artritis o artrosis, problemas de ojos, insomnio o depresión. En todos los casos, las mismas posturas se recomendaban a cada paciente una y otra vez. De esta manera Bikram descubrió que si disponían una tabla de posturas que tratara cada una de las dolencias, podrían curar en grupo con este método y ayudar así a más número de personas. Esto suponía una ruptura total con el método tradicional de atención individual que llevaba funcionando miles de años, pero aun así decidieron probarlo y su sorpresa fue que no solo curaba sino que también prevenía. A partir de entonces el Bikram Yoga o Hot Yoga comenzó a ser muy conocido en todo el territorio indio.

Se propaga como las ondas en el agua

Allá por años 70 el presidente Nixon, que ya había oído hablar de él, le invitó a EEUU a causa de una tromboflebitis que sufría en la pierna izquierda y que le obligaba a estar postrado en una cama. Bikram le hizo un tratamiento hidropático –Hot Yoga en el agua– y le sanó. De la mano de Shirley McLain, la estrella de Hollywood y apasionada practicante de Hot Yoga, la técnica se expande por todo Norteamérica. A partir de aquí se extiende y propaga al mundo entero, hasta que llega a España muchos años más tarde, en el año 2003. De esta manera, lleva más de cincuenta años expandiéndose por todo el mundo, transformando vidas y cuerpos sin importar la condición física, la edad o si has practicado yoga o no. Por ello me parece extraordinario que en tan solo medio siglo exista un centro de Hot Yoga o Bikram Yoga en prácticamente cada país del globo terráqueo.

Por alguna razón, el Hot Yoga ha cambiado la vida de muchas personas en el sentido físico y emocional, ayudando a superar lesiones incurables o depresiones, enfermedades, situaciones de estrés, desgracias o tragedias de gente cercana. Es muy probable que empecemos a utilizarlo como herramienta imprescindible para mirarnos por dentro y encontrar nuestro camino cuando nos sentimos perdidos.

Dime lo que practicas y te diré quién eres

El Hot Yoga consiste en la misma secuencia de veintiséis posturas, (elegidas de entre las ochenta y siete posturas de yoga tradicional) y dos ejercicios de respiración, que se desarrollan en noventa minutos. Se practican en una sala climatizada a una temperatura de cuarenta y dos grados centígrados y un 40% de humedad (en CHY el calor es ecológico, un calor más natural).

Divina repetición

El hecho de repetir la misma secuencia cada día nos da la oportunidad del aprendizaje profundo. Mantener una práctica que te obliga a perfeccionar las posturas que ya tienes antes de proceder a unas nuevas es un insulto al ego, al que le gusta tomarlo todo personalmente, de una manera dramática; es una amenaza para el que quiere tener el control todo el tiempo. Seguro que algunos se "aburren" con una secuencia que no cambia porque están más centrados en la postura misma que en la singularidad y las diferencias que ocurren en el cuerpo, la mente y las energías todos los días.

Las posturas en sí mismas no son los objetivos finales. Las posturas son herramientas que utilizamos para comprender más acerca de lo que está sucediendo en nosotros.

El yoga es el proceso continuo de devolver nuestra atención, una y otra vez, al momento presente.

YOGA SUTRAS DE PATANJALI

Sus bondades

El Hot Yoga es un sanador, y el calor potencia la práctica.

Cuando digo sanador me refiero a que las cualidades fundamentales de un cuerpo sano son la fuerza, la flexibilidad y el equilibrio perfecto entre ellas. La falta de capacidad para mantener determinada postura nos da las pistas para descubrir qué partes del organismo son débiles o qué partes son poco flexibles, sirviéndonos de escáner de nosotros mismos. Ahí reside la magia de sus innumerables beneficios: en que a cada persona le ayuda a sanar algo. Si tienes que adelgazar vas a perder peso, pero si tienes que engordar también lo vas a conseguir practicando.

Practicar con calor es un lujo. Y no digo con esto que sea fácil, sino solo más seguro; calienta la musculatura haciendo que practiques sin riesgos de lesiones, siendo además terapéutico para las que ya padezcas, y consigue que trabajes a un nivel mucho más profundo de forma infalible.

Físicamente el cambio es muy rápido y la trasformación del cuerpo es lo primero que notamos. La secuencia está plagada de torniquetes que cortan el torrente sanguíneo en determinadas partes de nuestro organismo, para que al liberar esas compresiones la sangre llegue fresca a los lugares que necesitamos incrementando el flujo sanguíneo, y por tanto la vida.

Sabemos que la sangre abastece a todas las células. Cuando aumenta la corriente sanguínea, el corazón ha de bombear con más fuerza para cumplir su cometido de llegar a cada rincón del organismo. Simultáneamente comprimimos diferentes órganos y glándulas que están implicados en la postura, para que suelten la sangre como si fueran esponjas y al salir de esa postura inundamos de sangre oxigenada, limpiando y regenerando esa parte. Por eso decimos que elimina toxinas continuamente, limpiando el cuerpo, que regula el metabolismo haciendo que la quema de grasa sea más rápida, que trabaja de manera cardiovascular estimulando el músculo del corazón, que amplía la capacidad pulmonar y reduce el proceso se envejecimiento, haciendo que llegue más oxígeno a tus células.

Por esta razón también estabiliza los sistemas corporales: el sistema digestivo, porque logramos limpiarlo y masajear sus rincones haciendo que funcione de manera más eficiente; el sistema nervioso, calmando el estrés y equilibrando el sistema nervioso simpático (el de la actividad) y el sistema nervioso parasimpático (el de la relajación); el sistema linfático, estimulando la eliminación de desechos y bloqueos; el sistema respiratorio, potenciando su función de separar el oxígeno de la contaminación; el sistema inmune, mejorando las defensas; el sistema endocrino, tan problemático en nuestra sociedad, activando glándulas como la tiroides y la paratiroides, despertando el metabolismo; el sistema óseo, fijando el calcio en los huesos y ayudando a paliar algunos síntomas de enfermedades crónicas, como la artritis, la diabetes y los problemas de tiroides; elimina los dolores de espalda, mejora la postura, etc.

Repito: no quiero mentir, diciendo que es una práctica sencilla. Se trata de un proceso diario que puede ser molesto, aburrido o frustrante a veces. Pero el solo hecho de estar en la sala, de levantarte del sillón y venir a practicar, te ayudará a desarrollar una fuerza interior tan grande que a su vez fortalecerá tu compromiso con esa práctica habitual.

Mejorarás notablemente la concentración: las condiciones extremas de los cuarenta y dos grados ponen a la mente en un lugar comprometido y sin escapatoria. Se desconecta del exterior fácilmente, y eso es lo que después te brinda esa la claridad mental con la que sales de esta clase; es decir, hace que dejes de pensar por un rato. El autocontrol, la determinación y la paciencia vendrán inmediatamente después. Además fortalece — y esta es la parte emocional de los beneficios— la confianza en uno mismo, puesto que te da la oportunidad de observar de manera gradual cómo consigues llegar a hacer posturas que quizá nunca te hubieras planteado que pudieras.

Por si todo esto fuera poco –y esta es la parte que más me gusta–, ayuda a potenciar tu espíritu, te conecta con el estado natural de paz y de serenidad interior y te hace darte cuenta de lo que realmente importa, la valentía de ser uno mismo.

ELLEN BRENNEMAN

Los mitos del Hot Yoga

Me gustaría con este libro esclarecer parte de la cuestión que muchos pueden guardar rondando su cabeza. ¿Es bueno esto de practicar a altas temperaturas? Como todo en la vida hay que usar el sentido común; nadie se preguntaría esto si estuviéramos en la India, porque es el calor que allí hace y a nadie le sienta mal. Lo cierto es que el calor actúa en forma de potenciador. El yoga es un sanador y el calor potencia sus efectos entrañando beneficios físicos, pero también mentales; y lo que es más sorprendente, espirituales. Lo han comparado con hacer deporte con calor excesivo. Lo que siempre suelo responder cuando me preguntan sobre esto es que, para empezar, el enfoque que plantean es erróneo, ya que están hablando de calor excesivo y de practicar deporte. Ni el yoga es un deporte ni el calor proviene de un foco como puede ser el sol o los rayos uva, sino que se trata de un calor ambiental, y en el caso de mi centro, un calor ecológico con un grado de humedad y oxígeno semejante al de la propia naturaleza. En un ambiente caliente la musculatura está segura y conduce a una mayor flexibilidad del cuerpo, en el sentido de que no sufrimos riesgo de lesiones, ni principiantes – que suelen realizar las posturas con más rapidez y menos consciencia– ni avanzados.

Solo tenéis que comprobar que las personas que practican Hot Yoga aparentan muchísima menos edad de la que tienen.

¿Precauciones? Claro. Las precauciones que se deben tomar no son otras que las que tomas para ir a correr o levantar pesas. Sentido común ante todo, beber mucha agua (dos litros en concreto), venir a practicar con el estómago vacío desde dos horas antes, seguir las indicaciones del profesorado y practicar con profesionales formados debidamente por escuelas reconocidas. Existen dos contraindicaciones importantes a la hora de elegir esta modalidad, y son las patologías de corazón y de varices. En esos casos recomendaríamos practicar otra de nuestras disciplinas. Por eso todavía no he tenido que indicar a nadie ni he visto en ningún estudio del mundo que alguien no pueda entrar a la sala a practicar. Por supuesto, siempre que haya una dolencia o enfermedad grave recomendamos consultar con el médico primero. Los profesores de Hot Yoga no somos doctores ni tampoco pretendemos serlo, aunque sí hemos podido observar que el Hot Yoga o el Bikram Yoga hace que muchas veces nos superemos a nosotros mismos y nos sorprendamos de lo que podemos llegar a ser.

Flow Vinyasa Yoga: el escultor

La cuna

Conocemos esta antigua practica gracias al legendario Sri Krishnamacharya, quien vivió ciento un años, de 1888 a 1989. Quizá porque estudié la carrera de derecho siento que es importante llegar a la raíz o la fuente de las cosas; como es obvio, todo cambia con el tiempo en el que nos toca vivir, se adapta a los nuevos tiempos y de alguna manera el cometido de los profesores o maestros de yoga debe ser preservar la fuente que nos brinda todo este conocimiento.

Vayamos pues al origen. Fue en 1916 cuando Krishnamacharya comenzó con sus estudios, que duraron nada menos que cuarenta años. Pasó todo este tiempo reuniéndose con sabios en diferentes partes de la India, entre ellos su maestro Sri Ramamohan Brahmachari, que vivía en una cueva en los Himalayas. Estudió medicina, astrología, retórica, leyes y teología, fue instruido en diversas artes y materias, así como en la práctica de *asanas* y *vinyasa*. Estuvo casi diez años viviendo con su gurú, mientras absorbía todos los conocimientos del Yoga y aprendía de memoria el Yoga Korunta (un libro del que suele decirse que se transmitió oralmente y que contenía grupos de *asanas* o posturas conocidas hoy en día como "las tres series": primera, intermedia y avanzada).

Es una gran suerte para nosotros que el Maharaj de la época en la ciudad de Mysore (India) le concediera permiso para abrir una escuela en la región, pues fue allí donde entrenó a muchísimos alumnos hasta la década de 1980. De entre aquellos alumnos emergieron los míticos e inigualables padres del yoga actual: Iyengar, quien desarrollo un método más agresivo que el de su maestro y se hizo muy famoso; Pattabhi Jois, tremendamente popular con su Ashtanga Yoga, y Desikachar, su propio hijo, que ideó un método más suave y relajado.

Dime qué practicas y te diré quién eres

Así, Vinyasa Yoga es una antigua práctica de desarrollo físico y espiritual que quiere integrar el cuerpo, la mente y la respiración en el mismo marco de tiempo. Lo practicamos a treinta y ocho grados de calor seco y con un 40% de humedad. Podemos decir que somos el único centro en España que cuenta con esta disciplina caliente.

Es yoga **dinámico**, una combinación de posturas que van fluyendo de una a otra para crear diversidad dentro de flujo de movimientos. El movimiento es medicina para nuestro organismo; de hecho somos seres en continuo movimiento y cambio, pero es necesario que ese movimiento sea acorde al ritmo de nuestra naturaleza, es decir, sin acelerar demasiado nuestro corazón y permitiendo que cada vez que nos movamos sea alargando la inhalación y la exhalación. Por eso podemos decir que el Vinyasa Yoga —o cualquiera de sus variantes modernas como el Flow Vinyasa Yoga— es un tipo de yoga fluido que trata de unir suavemente el cuerpo y la mente al compás de la controlada **respiración *ujjayi***, llamada por los más románticos, "la respiración del océano". Esta consiste en conducir el aire hacia la garganta y al rozarla emite un sonido parecido a las olas del mar.

Me gusta a veces decir que es un conector entre el cuerpo y la mente, y digo esto porque a veces cuando estamos realizando un trabajo mental nos olvidamos del cuerpo, y también sucede al contrario. El estilo fluido nos da la oportunidad de aportar mayor conciencia en nuestra alineación, mayor concentración a nuestra velocidad.

Muévete lento, muévete consciente y estarás practicando desde tu corazón.

Cuando saboreas la rasa de la vida, bebes de un pozo que nunca está seco.

La *rasa* de la vida

Literalmente traducido como "jugo, esencia, sabor, plasma o estado de transformación", el término *rasa* asume uno de varios significados, dependiendo de su contexto. El que quiero resaltar aquí se refiere a la esencia concentrada de algo, como la dulzura de unas fresas, el estado animado de una planta seca que acaba de ser regada, de una persona recién relajada después de un masaje o de un yogui después de una práctica inspirada. Como dice el profesor de Ayurveda Robert Svoboda: "La existencia sin jugo es seca e insípida. *Rasa* es la realidad fluida de la vida, el jugo de la vida, en todos los sentidos de la palabra".

El concepto de *rasa* se originó en la India. Cuando se ha cultivado la *rasa*, la mente pensante se aquieta y la sensación pura late a través del cuerpo. La mayoría de nosotros hemos tenido esta experiencia en un momento u otro. Tal vez sucedió cuando eras un niño, la primera vez que una pieza de música realmente atrapó todo tu ser o un espectáculo de danza te hizo sentir como si estuvieras dentro del baile. Este estado transformador irreflexivo es un tipo de unión entre nosotros y lo que nos rodea, y puede surgir durante cualquiera de las actividades de la vida; solo necesitamos sentirnos enlazados con nuestra experiencia. Piensa en una puesta de sol increíble, en una caminata rítmica por el campo con alguien que quieres, en una noche mirando la luna encima de un lago, en la lluvia suave que te cae en la cara... *Rasa* ocurre cuando nos sentimos conectados con nuestro ser más profundo. El filósofo indio Abhinavagupta describe la *rasa* como "el yo que prueba el yo".

Quizá sea porque mi especialidad como maestra de yoga es el Vinyasa, bajo mi punto de vista la *rasa* es la sal de una sesión de yoga, la mejor forma de explicar el sentir de una clase, notar el despertar de la transformación.

Esa íntima conexión con la esencia de algo es lo que el Vinyasa Yoga despierta en mí cuando lo practico y lo enseño, guardando siempre la esperanza de que todo el que lo haga pueda, alguna vez, experimentarlo también.

Sus bondades

Desde lo puramente físico moldea la musculatura como si levantáramos pesas, ya que utilizamos nuestro propio peso. Define sin ensanchar la silueta, porque sincronizando la respiración al movimiento conseguimos un trabajo cardiovascular y de fuerza que abrirá los tejidos desde lo más profundo, y fluyendo de postura a postura desafiamos nuestros límites mentales. Los yoguis que tienen la musculatura marcada y el cuerpo esculpido es porque practican este tipo. Además, todas las posturas mejoran el flujo sanguíneo y el suministro de oxígeno. También beneficia a los sistemas cardiovascular y linfático. Dado que este último no tiene un corazón para ayudar a bombear su carga de toxinas, los ejercicios de Vinyasa Yoga ayudan a mantener el sistema linfático funcionando sin problemas al evitar que los ganglios linfáticos se estanquen u obstruyan. Es un estilo aeróbico de yoga que permite transformar el cuerpo y nos posibilita el trabajo cardiovascular sin movernos de una esterilla, es decir, sin efectos secundarios para nuestras articulaciones y nuestra columna.

Pero las *asanas* deben dominarse gradualmente sin tensión excesiva en los tendones, ligamentos y columna vertebral. Apelando a los principios del yoga clásico, existen dos cualidades que no debéis olvidar a la hora de venir a clase:

— **Firmeza o *sthira***: quien practique cualquier *yogasana* o postura de yoga ha de aceptar el compromiso de aprender a mantenerse donde consiga permanecer firme, ya sea de pie o sobre la cabeza.

— **Comodidad o *sukha***: el uso y la atención de la mente en la respiración debe producir cierta ligereza y gozo mientras mantenemos la postura.

Cuando buscamos estos atributos de una manera consciente, las *asanas* dejan de ser simples ejercicios físicos, convirtiéndose en posturas meditativas. *Sthira* y *sukha* no solo hacen posible una mejor experiencia en yoga, sin que también son necesarias en nuestra vida.

i El Vinyasa Yoga practicado con una correcta respiración, purifica el cuerpo físico, el mental y el emocional.

El yoga es un camino hacia la libertad. Con su práctica constante, nos podemos liberar del miedo, la angustia y la soledad.

INDRA DEVI

Hatha Yoga: el equilibrador

La cuna

Se cuenta que en Hatha Yoga el sol representa a *prana*, la fuerza de la vida (*ha*), y la luna representa la mente, la energía mental (*tha*). Entonces, *hatha* significa la unión de fuerzas físicas y mentales. Cuando se produce la unión entre estas fuerzas, se origina un gran suceso en el hombre. Este es el despertar de la conciencia superior.

En cuanto a su origen, me gustaría resaltar que los primeros escritos de Hatha Yoga no son milenarios, como casi siempre se afirma, sino de hace solamente unos cientos de años. Existen tres textos, que son los más importantes en Hatha Yoga, y que quizá no sean tan conocidos en Occidente como por ejemplo los escritos de Patanjali, mucho más populares. Esto es llamativo, siendo esta práctica sin duda la más extendida.

El **Hatha Yoga Pradipika** de Swami Suatmarama, es un texto cuya autoría se sitúa hacia el siglo XIV, y en el que se recogen solamente alrededor de quince *asanas*, *kriyas* o *shatkarmas* (ejercicios de purificación o limpieza), *pranayamas* (ejercicios de respiración), *nadis* (canales de energía), el despertar de la *kundalini* (energía vital), *bandas* (llaves del cuerpo que producen el movimiento de la energía), *mudras* (cierres del cuerpo que producen efectos) y *samadhi* (la liberación), aportando instrucciones específicas sobre estos contenidos.

El **Goraksha Samhita** fue escrito por el sabio Goraksha. Goraksha fue el estudiante más conocido de Matsyendra, el hombre que escuchó las enseñanzas del yoga desde los labios de Shiva, el dios del Universo. Durante muchos siglos se transmitieron los conocimientos de las practicas de esta "alquimia que lleva a la inmortalidad" de maestros a discípulos, y gracias a eso la tradición se ha conservado hasta nuestros días. Goraksha se considera uno de fundadores del Hatha. Escribió textos sobre el yoga y el tantra.

El **Gheranda Samhita**, otro de los textos que goza de gran predicamento, fue escrito hacia finales del XVII. Las técnicas que expone son la base de muchas prácticas del yoga contemporáneo.

Me parece fascinante que en la mayoría de estos textos antiguos haya un número tan reducido de posturas o *asanas,* y casi no aparezcan posturas de pie. La mayoría son posturas sentadas. El Hatha Yoga clásico es una práctica mucho más meditativa que lo que hoy entendemos como yoga. Por eso se practican más posturas de suelo y de manera más contemplativa que en otras modalidades de yoga.

Dime qué practicas y te diré quién eres

En esta práctica guiada mantenemos varias respiraciones en cada postura; de esta manera conseguimos eliminar los bloqueos localizados en partes del cuerpo o mente para así, suavemente, liberar y dejar fluir la energía.

Trabajamos estáticamente a través de la alineación postural de forma terapéutica, reforzándola con la temperatura de treinta y cinco grados, un 40% de humedad y el oxígeno de la sala. Es un yoga con un enfoque más espiritual y no una mera actividad física, dándonos cuenta de su parte más importante, que es la búsqueda de la salud, la paz interior y el relax del cuerpo.

Cuenta la leyenda que los humanos no fueron los primeros en practicar yoga. Los animales se han estado estirando, enfocando sus mentes y viviendo una vida simple y gratificante durante millones de años. ¿Alguna vez has visto un perro o un gato estirándose? ¿Sabías que los monos y los osos también se estiran? Los animales están de acuerdo con la naturaleza y la tierra, y viven vidas simples. Los antiguos buscadores de la verdad se refugiaron en los bosques de la India, lejos del mundo. En su búsqueda de sabiduría recurrieron a sus vecinos, los animales. Pronto descubrieron que algunos de estos animales eran muy sabios. Comenzaron a imitarlos y nació un nuevo camino espiritual, el de Hatha Yoga. Comenzaron a sentarse como ranas, y a estirarse como perros, serpientes o escorpiones para mantener la forma de un pez, de una tortuga tranquila, de un venado bebedor, de un conejo o de un cuervo en reposo. A medida que ganaron fuerza, salud y paz, reconocieron la sabiduría de los animales. Después de vivir la vida de una vaca o de un cisne, los sabios se dieron cuenta de que no era una existencia adecuada para toda una comunidad humana. Sin embargo, tomaron algunos de sus buenos hábitos e idearon un sistema de vida saludable. Este sistema es el Hatha Yoga. Esto explica por qué más del 40% de las asanas llevan el nombre de un animal, y también por qué los yoguis usan muchas comparaciones con animales. Los sabios fueron inspirados por ellos.

Sus bondades

Teniendo en cuenta estos factores, los ejercicios de Hatha Yoga, cuando se realizan correctamente (sin esfuerzo), son posiblemente el mejor sistema de actividad física para cada célula, órgano y sistema en el cuerpo humano. El grado de flexibilidad que se puede obtener para los tendones, los músculos y la columna vertebral es bastante obvio cuando ves a alguien, por ejemplo, en la postura de *hamumanasana* o "postura del mono". Pero los beneficios para la salud van más allá de la flexibilidad.

Los sabios los describen "una escalera hacia la liberación, un medio de engañar a la muerte, mediante el cual la mente se aleja del placer y se reencuentra con el alma del universo" (Goraksha comienza así su propio libro).

Muchos grandes yoguis consideran que la posturas invertidas son las más importantes: "El que practica Viparita-Karani (también llamada Sarvangasana o Shirshasana) destruye la decrepitud y la muerte, es un adepto del yoga y no muere ni siquiera en la gran disolución" (Hatha Yoga Pradipika).

Por lo tanto, es esencial, de acuerdo con este importante texto de Hatha Yoga, incluir al menos una postura invertida (soporte de hombro o soporte para la cabeza) en la práctica diaria.

El yoga es la oportunidad perfecto para ser curioso sobre quién eres.

JASON CRANDELL

Yin Yoga

La cuna

El *yin* completa toda práctica. Como su nombre indica, es la parte *yin* del yoga, que nos expone la dualidad existente en todo el universo, blanco-negro, masculino-femenino, estilos Yang Yoga- Yin Yoga.

El origen del Yin Yoga viene de la medicina china y el taoísmo, donde el entendimiento del movimiento anatómico se centró en analizar la destreza, la ligereza y la fuerza de animales como tigres, serpientes o monos. Con el fin de poder imitar la perfección de los movimientos realizados por el mundo animal, los anatomistas comprendieron que el entrenamiento de las articulaciones era primordial, ya que el movimiento es posible si la articulación lo permite.

Esta modalidad, tal como lo conocemos hoy en día, fue fundada en la década de 1970 por el experto en artes marciales y profesor de yoga taoísta Paulie Zink. El yoga de estilo *yin* se ha vuelto popular debido en gran parte a las actividades de enseñanza de los maestros y desarrolladores del *yin*, Paul y Suzee Grilley, Sarah Powers y Bernie Clark.

Dime qué practicas y te diré quién eres

El Yin Yoga se caracteriza por mantener cada postura por un tiempo prologando que oscila de los tres a los diez minutos, y se trabajan todas en el suelo. Su objetivo principal es mejorar la flexibilidad devolviendo un mayor rango de movimiento. El Yin Yoga tiene las mismas metas y objetivos que cualquier otra escuela de yoga; sin embargo, se dirige a los tejidos conectivos, como los ligamentos, a los huesos e incluso a las articulaciones del cuerpo, que normalmente no se ejercitan mucho en un estilo de práctica más activo. Las articulaciones no son como los músculos, y por tanto, se ejercitan de manera diferente.

La temperatura es de veinticinco grados centígrados y la humedad es del 30%. Adecuado para casi todos los niveles de estudiantes, el Yin Yoga es un complemento perfecto para los estilos de yoga dinámico y muscular.

Posee tres principios que lo describen su forma de desarrollarse: mantener la postura por un tiempo prolongado, llevar la postura a un límite apropiado y decidir quedarse quieto.

Sus bondades

En un aspecto puramente físico, el Yin Yoga se encarga de devolvernos movilidad, es decir, de recuperar parte o la totalidad de la flexibilidad que hemos ido perdiendo a lo largo de los años. Busca mantener unos tejidos saludables, como la fascia, los tendones, los ligamentos y las articulaciones; por tanto, no se centra en los músculos como tal. Sin embargo, son la primera barrera física que sentimos en las posturas, en concreto la tensión acumulada en ellos. Esto se debe a que están compuestos por un 30% de fascia, y en la limitación del rango de movimiento los músculos y la fascia suponen un 41%. Para prevenir antes que tener que curar, el Yin Yoga es la práctica perfecta que complementa todo tipo de deporte o estilo de vida en el que realizamos los mismos movimientos una y otra vez, día tras día.

Los beneficios energéticos y mentales que vienen adheridos a esta práctica los proporcionan la quietud en las posturas y los espacios que ello crea para conectar con la respiración y el momento presente.

El yoga es la práctica de silenciar la mente

PATANJALI

V. Ashtanga Yoga: el purificador

La cuna

El Ashtanga deriva de un antiguo manuscrito que no ha llegado hasta nuestros días —la historia cuenta que fue comido por unas hormigas— llamado Yoga Korunta. Sri T. Krishnamacharya se lo enseñó a su alumno Sri K. Pattabhi Jois. Jois, el padre del Ashtanga, se sirvió de esto como la base para su sistema de yoga, que comenzó a enseñar en 1948 y se popularizó enormemente hasta nuestros días.

Ashta significa "ocho", y por lo tanto el Ashtanga Yoga es el "camino de ocho ramas". Incluye ocho estadios, que son esenciales para alcanzar el yoga, la unión o la iluminación. Estas ocho extremidades se describen en los Yoga Sutras de Patanjali.

De acuerdo con Pattabhi Jois, la práctica diaria de *asanas* es necesaria para que el cuerpo sea fuerte y saludable, lo que puede permitir que la mente se mantenga estable y controlada.

Dime qué practicas y te diré quién eres

El Ashtanga Yoga es una forma muy dinámica y atlética. Lo practicamos con un 40% de humedad, imitando el clima de Mysore (India).

Se diferencia de otros tipos de yoga por su sistema de movimientos y respiración sincronizados, que son los que encadenan una postura con la otra. Cada postura está meticulosamente diseñada con un número determinado de movimientos y respiraciones, de manera que un alumno avanzado las enlazará siguiendo fielmente el ritmo de estos. La secuencia siempre será la misma y el alumno podrá añadir más *asanas* a medida que su práctica progresa.

Me gustaría mencionar los tres elementos que serán determinantes para la práctica: la respiración *ujjayi* (la respiración sonora), las bandas (los cierres energéticos) y el *dristi* (la mirada), que ayudan al practicante a concentrar y aumentar la energía a lo largo de la práctica.

Hay dos formas de aprender Asthanga. La primera es en una clase guiada, donde un maestro va dictando las posturas, desde el principio y hasta el final de la clase, marcando el ritmo.

El otro modo es una clase estilo Mysore, donde cada alumno hace la serie de *asanas* a su ritmo y el maestro supervisa la práctica de todos. Siempre hay que tener presente el escuchar al cuerpo y saber reconocer nuestros límites. Siempre habrá una opción más sencilla que se adaptará a nuestra necesidad y que también nos aportará beneficios.

Sus bondades

En la disciplina de Asthanga es esencial respetar el orden de las *asanas*. Estas están dispuestas de tal modo que al practicarlas en su orden concreto se potencian sus beneficios sobre el cuerpo, además de seguir un orden de ejecución que nos va preparando para las siguientes, de menor a mayor dificultad.

De hecho, algunas posturas tienen hasta cuatro variaciones en las que, obviamente, se irá progresando conforme los rincones de nuestra figura vayan cediendo o fortaleciéndose.

Las *asanas* fortalecen el cuerpo físico, la respiración purifica el sistema nervioso y la mirada promueve la concentración.

Moviéndonos hacia un nivel más profundo, quiero hacer alusión a lo que maestros yoguis llaman *duka*, que es "sufrimiento". Es algo que padecemos todos sin excepción, está en nuestra naturaleza de ser humano. Puede que practiquemos yoga porque de alguna forma sufrimos, pero ¿qué es lo que genera sufrimiento? Lo que los *ashtanguis* llaman "el veneno". Se nos dice que mediante el Ashtanga Yoga se quemarán los venenos. Hay seis venenos que rodean el corazón humano: deseo, ira, engaño, avaricia, envidia y pereza. Cuando se practica diligentemente, el calor del Ashtanga yoga quemará estos venenos internos.

Yoga es trabajar la oscuridad.

TOMÁS ZORZO

Un mono loco

En la mente de todos nosotros habita un mono loco. Buda supo engendrar este concepto desde el comportamiento de un mono en la selva.

Imaginaos a un mono en una rama de un árbol, mirando para todos los lados, buscando algún fruto, saltando a otra rama pensando que habrá más bananas. Allí las encuentra, pero a ese lugar le falta el sol, al siguiente le falta visibilidad, en la próxima rama hay otro mono y no le apetece compañía, y así, mirando para todos lados, nervioso, buscando ese "no se qué" salta de rama en rama rastreando el lugar perfecto. El mono siempre busca otro sitio, otro lugar, otra situación. Al ver que ahí no está la felicidad que quiere encontrar, irá a un nuevo sitio, con el problema constante de que siempre está buscando en el sitio equivocado. Pues veréis, el mono es nuestra mente, saltando como loca de un pensamiento a otro, entrando en bucle algunas veces sin llegar a ningún destino.

En primer lugar debemos aceptar que no hay ningún problema en la mente; la mente en sí misma es el problema, pues su naturaleza, al igual que la del mono, es perturbarnos. A través de la falta de conciencia (*avidhya*), la mente y el ego juntos han creado una realidad ilusoria, una sensación equivocada de "yo".

La buena noticia es que la mente cabalga sobre la respiración, o al menos así se entiende en yoga. Cuando la mente está perturbada, la respiración se ve afectada; cuando se altera la respiración, la mente se ve afectada. Esta es la razón por la cual la tradición del yoga le da una gran importancia. Y es que los antiguos sabios supieron observar la relación entre las perturbaciones mentales y su efecto sobre nuestra respiración.

Piensa ahora en ti mismo o en alguien en un estado emocional extremadamente nervioso y sollozando. ¿Cómo está la respiración? Visualiza a alguien que está crónicamente enfadado, ¿cómo respira? O igualmente alguien que está deprimido…

El yoga es, según Patanjali, "la restricción o el cese de las fluctuaciones de la mente".

Los seres humanos estamos distraídos; yo misma, mientras escribo este libro, puedo encontrarme de pronto mirando el móvil o fijándome en una mosca ¡Estamos distraídos por nuestros sentidos! Hemos entrenado nuestras mentes para ser adictos a la estimulación visual y auditiva desde la llegada de la televisión. Estamos igualmente distraídos por nuestro sentido del olfato, en la esterilla o en la ropa de yoga maloliente, tus propias axilas, el perfume de tu vecino, cualquier olor a comida... La lista puede ser interminable. Además, existen nuestras otras adicciones sensoriales a través del gusto. Nuestra adicción a hablar, por ejemplo: nos encanta mover la lengua, por lo general en un parloteo inútil, o peor aún, con chismes ociosos. Y por último, nuestro incondicionalidad al sentido del tacto y las adicciones sexuales. En nuestro mundo moderno de exceso, la mente (*chitta*) es bombardeada continuamente con estímulos sensoriales.

Sin embargo podemos practicar la concentración, la disciplina lenta y gradual de la mente con plena conciencia para permanecer enfocada en un tema determinado u objeto de práctica. El yoga trata realmente acerca de la disciplina mental, disciplinar la mente a través de la retirada de los sentidos; por eso es importante practicar el poder de la concentración.

El Bhagavad Gita dice: "No hay posibilidad de que uno se convierta en yogui si uno come demasiado, o come muy poco, duerme demasiado o no duerme lo suficiente". El que es moderado en sus hábitos de comer, dormir, trabajar y recrearse, puede mitigar todos los dolores materiales practicando el sistema de yoga.

La meta de todo sendero del yoga es la enseñanza de cómo concentrar la mente, cómo descubrir sus facetas escondidas y cómo despertar las facultades espirituales interiores.

SWAMI VISHNUDEVANANDA

(EL LIBRO DEL YOGA)

Cuando hablamos de yoga, la mayoría de las personas piensan inmediatamente en posturas físicas que flexibilizan y fortalecen, pero en realidad esa es una parte muy pequeña. Has de saber que el Hatha Yoga, que como ya sabéis es el yoga físico, fue creado principalmente para desarrollar el entendimiento y el dominio completo sobre la mente. Los occidentales nos hemos acercado mucho mediante el desarrollo, por ejemplo, de la psicología, con sus conceptos y sus técnicas, pero si los comparamos, la ciencia del yoga es la madre de todas esas ciencias. Durante miles de años los yoguis han indagado en los misterios de la mente y la consciencia, y puede que descubramos que muchas de sus averiguaciones encajan a la perfección con nuestra búsqueda de entender mejor esta parte de nosotros mismos.

Es a través de la respiración o *pranayama* como podemos entrar en la dimensión de la mente y domar así al mono loco, apaciguando sus deseos, sus miedos y conectando con la forma de mantenerle contento en la rama que le haya tocado habitar.

T. KRISHNAMACHARYA

Respiro, luego existo

Cuando hablamos de respiración o *pranayama* no estamos hablando de una mera toma de aire mecánica para mantenerse con vida, sino de algo diferente: se trata de la entrada y la salida controlada de la respiración. Esto es todo un arte (*pranayama*) que posee técnicas para hacer que los órganos respiratorios se dilaten a voluntad. A través de la gran toma de oxígeno tienen lugar en el organismo determinados cambios bioquímicos, los cuales hacen desaparecer los nudos internos que impiden el movimiento del flujo de la energía en el cuerpo, favoreciendo el equilibrio de todo nuestro interior y por tanto una profunda relajación. Empieza por aliviar dolencias corrientes como resfriados comunes, jaquecas, y termina por proporcionarte el elixir de la vida.

Practicar el *pranayama* aumenta los niveles de GABA o ácido gamma-aminobutírico, un neurotransmisor que ayuda a reducir la ansiedad sedando el sistema nervioso. Además, contribuye a que la mente se concentre, regulando todos los pensamientos y deseos del que la realiza, aportándole equilibrio.

La respiración refleja el estado mental de la persona. La respiración es la clave. Si aprendes a observarla y luego a controlarla serás capaz de cambiar tus emociones.

El yoga carece de vida sin el pranayama.

IYENGAR

Cuando la respiración es irregular, la mente oscila; cuando la respiración es estable, también lo es la mente.

HATHA YOGA PRADIPIKA

In - Out

Consiste en llevar oxígeno a todas tus células utilizando el máximo de tu capacidad pulmonar.

Prana significa "aliento, respiración, vida, vitalidad, energía o fuerza vital".

Ayama significa "extensión, ensanchamiento, control".

Pranayama significa entonces algo tan milagroso como la prolongación de la vida, el alargamiento de la energía vital.

La respiración consciente es una técnica. Las primeras pautas generales que todo *yogui* debe conocer cuando comienza con las técnicas de *pranayama* están en escoger siempre un lugar retirado, limpio y aireado. Intenta mantener una postura sentada en el suelo, o si es mucho para ti, en una silla, con la espalda recta en ambos casos. Hazlo siempre por la nariz salvo que se indique lo contrario; presta siempre atención al ritmo y a la duración de cada inhalación, retención o exhalación; trata de hacer una respiración lo más lenta, larga y profunda que puedas.

Cuando practicamos *pranayama*, los yoguis nos guiamos a través de cuatro formas distintas, que juntas completan un ciclo.

Mediante la **inhalación (*puraka*)** llenamos de aire los pulmones, estimulando el organismo. Mediante la **exhalación (*rechaka*)** se vacían y liberamos el aire viciado y toxinas. Por medio de la **retención (*kumbhaka*)** se distribuye la energía a través del cuerpo y podemos advertir dos tipos de retención: retener el aire de la inhalación con los pulmones llenos (***antara kumbhaka***), o bien cuando los pulmones están vacíos, reteniendo en una pausa, sin movimiento de aire dentro o fuera de los pulmones (***bahya kumbhaka***). Es un proceso muy poderoso, nunca debemos exceder nuestras capacidades porque el sistema nervioso puede verse dañado, y os recomiendo siempre hacerlo de la mano de un maestro cualificado hasta adquirir experiencia.

Para el Hatha Yogui, canalizar "el control de la respiración" es canalizar la mente. Y aunque parezca imposible, aún podemos afinar la puntería de esta herramienta de manera que sea más precisa. Alargar la espiración haciéndola mas amplia que la inspiración tiene un efecto relajante y depurativo. Sin embargo, el poner el acento en la inspiración garantiza un efecto mas activo, energizante y expansivo. Igualar las dos fases respiratorias contribuye a que una mente esté alerta y relajada.

Es un ejercicio que, más allá de una relajación y una magnífica oxigenación, proporciona un entrenamiento en el "autocontrol", pues voluntariamente dirigimos todo el proceso hacia un inevitable equilibrio que se adquiere al terminar una practica de respiración.

Houston, tenemos un problema.

Todos sabemos que practicar yoga o *pranayama* en casa, solamente con un libro, es demasiado pretencioso. Por eso, y aunque nunca he pretendido que con este libro podáis practicar solos, sí me gustaría hacer un pequeño recorrido por los *pranayamas* más importantes, los que solemos usar en las clases. Por otro lado, os enseñaré una respiración que poner en practica durante unos minutos al día para calmar, relajar o conectar con vuestra mente.

Cuando nos ponemos nerviosos o ansiosos lo primero que ocurre es que nuestra respiración se queda estancada en la parte superior del pecho, en la zona de las clavículas, el aire no puede llegar bien a los pulmones y usamos una parte mínima de ellos. Entonces el oxígeno tampoco puede alcanzar nuestro organismo y se tensan todos los músculos del cuerpo. Lo que queremos conseguir es utilizar el máximo de nuestra capacidad pulmonar, relajando y destensando así los músculos que poseemos. Yo aconsejo la respiración completa o respiración yóguica, que se realiza unificando tres respiraciones: abdominal, torácica y clavicular.

A continuación veréis unos simples pasos que podréis realizar en cualquier lugar en el que encontréis:

- Sitúa una mano sobre tu vientre y otra sobre el pecho.
- Comienza con una inspiración lenta y profunda llevando el aire hacia la parte baja de los pulmones (como si respiraras con el abdomen) y siente cómo empujas la mano que tienes en el vientre.
- Continúa inspirando el aire mientras llenas la zona de las costillas.
- Cuando la zona costal esté dilatada, continúa inspirando un poco más a la vez que las clavículas se levantan. Ahora tus pulmones están llenos de aire. Tanto este paso como el anterior podrás sentirlo con la mano que tienes en el pecho.
- Retén unos instantes el aire procurando no tensar el rostro, el cuello o los hombros.

- Comienza la expulsión haciendo que el aire salga primero de la parte clavicular, luego de la costal, y finalmente de la abdominal, expulsando el aire totalmente. Es decir, que la expulsión se hace de manera inversa a la inspiración, siendo la zona baja la primera que se llena y la última que se vacía.

Mantente unos instantes los pulmones vacíos, y cuando sientas el impulso de inspirar, hazlo repitiendo los pasos anteriores. Repítelo entre cinco y ocho veces y prepárate para sentir una relajación profunda no solo en tu espalda sino en todo el cuerpo.

La senda hacia una larga vida

Unas de las respiraciones más usadas como terapeúticas en yoga por sus efectos sanadores y curativos de todo el organismo son *ujjayi* y *bhramari*. Reducen la tensión alta y el estrés, calmando el sistema nervioso y la mente. Bucearemos un poco en sus propiedades, más que en el procedimiento para realizarlas, pues en estos casos un profesor os guiará hacia sus beneficios mucho mejor que un libro.

La respiración de la abeja (*brahmari*) debe su nombre al zumbido de las abejas. Este sonido tranquiliza la mente acelerada, y su práctica alarga la exhalación sin crear una tensión excesiva. Este tipo de *pranayama* puede utilizarse como práctica diaria para provocar la relajación o como solución puntual ante un ataque de ansiedad. Sin embargo, debido al sonido que produce puede resultar un poco incómodo o ridículo practicarla en público, y lo digo por experiencia...

La respiración del océano (*ujjayi*) simula el sonido de las olas del mar con nuestra garganta a través del roce del aire con la glotis. Proporciona una profunda sensación de relajación y tranquilidad mental, y ayuda a alcanzar un estado de interiorización y a superar estados de insomnio. A mí me recuerda al ronroneo que utilizan los felinos para tranquilizarse o cuando sienten placer. En mi opinión los gatos practican *ujjayi*...

La respiración de fuego (*kapalabhati*) o "respiración" de fuego es energizante y uno de los ejercicios de purificación que limpia las vías respiratorias de mucosidades e impurezas, estimulando el metabolismo elevando el calor corporal. Si padeces falta de energía, depresión o baja tensión arterial es muy recomendable.

Samadhi es la iluminación o el fin último del yoga. Has de saber que es un proceso gradual; primero tienes que adiestrar a la mente a enfocarse en algo concreto. En el momento en que ésta está completamente concentrada, empieza a contemplar el objeto, va a lo más profundo de él y lo comprende. Una mente enfocada gana poder y todo el conocimiento de lo que aviste se nos revelará.

Y para que disfrutéis más de este milagro que para mí es respirar, os contaré un secreto que se cuenta entre los yoguis. Todos los seres humanos nacemos con un número concreto de respiraciones, que tienen que durarnos toda una vida. Según vamos avanzando en ella, vamos agotándolas. Cuanto más deprisa respiremos, más respiraciones gastamos en menos tiempo. Cuando más despacio, más profundas y más largas las hagamos, más número de estas conservamos para nuestra vida. Respirar alargando cada inhalación y cada exhalación es un proceso no solamente de oxigenación y rejuvenecimiento del cuerpo, sino una puerta hacia una mente tranquila y conectada, y una senda hacia una larga vida.

Estira el alma

Vivir el presente sin apegos, no luchar con lo que nos ocurre, buscar nuestro camino en función de quiénes somos y ver lo positivo de las cosas, son puntos esenciales en la tercera etapa del yoga. Estos cambios de perspectiva, de tus creencias sobre la vida, ocurren con naturalidad al practicar Hatha Yoga, y aquí por supuesto incluyo al Hot Yoga, al Vinyasa Yoga, al Ashtanga Yoga, al Yin Yoga y a todas las modalidades de yoga que puedas encontrar de la mano de buenos profesores. Estirar el cuerpo es el comienzo de la transformación, y todas las transformaciones duraderas necesitan las herramientas adecuadas. Para eso usamos los medios más sofisticados que puedes imaginar: el cuerpo, la mente y el espíritu. Y para integrarlos entre sí nos servimos del conocimiento de antiguos sabios como lo es el yoga. Practicar yoga es practicar nuestra vida.

Donde reside la diferencia

Mucha gente confunde lo espiritual con lo religioso, pero en este caso no tiene que ver una cosa con la otra. Cuando me refiero a la espiritualidad hablo de todo lo relativo al alma. Es la parte intangible de nosotros, lo que no es físico o material. Para mí, es aquí donde reside la diferencia entre el yoga y cualquier otra práctica física de orden espiritual.

Algunos sufrimos sin aparente necesidad; puede que tengas un bonito coche, una casa maravillosa, una familia preciosa, y que no tengas problemas importantes, pero sin embargo sientes que te falta algo o echas algo de menos, experimentas un vacío interior y sufres. ¿Por qué? Porque somos algo más que la parte material, porque tenemos un espíritu que alimentar también, pero el consumismo hace que **muchas veces se nos olvide**. Y el yoga nos lo recuerda.

Al renunciar a las cosas mundanas y materiales posees el bien más valioso: tu paz.

No somos seres humanos teniendo una experiencia espiritual. Somos seres espirituales teniendo una experiencia humana.

PIERRE TEILHARD DE CHARDIN

En busca del *karma*

Si hubiéramos tenido la suerte, como en la India, de tener un gurú desde pequeños que nos hubiera ayudado a comprender nuestro destino, ahora lo tendríamos más fácil para saber qué hacer en la vida. El yoga, además de flexibilizar nuestros huesos, tendones, articulaciones y músculos, prepara nuestro cuerpo para conectarnos con nuestra voz interior. Nos convierte en nuestro propio gurú, con la capacidad de encontrar nuestro *karma* o destino en la vida, dándonos así la posibilidad de alcanzar nuestro máximo potencial.

Meditar... ¿el qué?

La meditación existe desde tiempos inmemoriales, pero ¿por qué preocuparnos por meditar? Pudiendo estar viendo la tele o divirtiéndonos con amigos, ¿por qué tendríamos que sentarnos solos, en silencio, a meditar? ¿A meditar el qué?

La respuesta es sencilla: porque como seres humanos que somos, nuestra naturaleza es la insatisfacción. Podemos disimularla tapándola con cosas materiales, planes, proyectos…, pero por más que externamente todo parezca ir bien, siempre está acechando la sensación de que la vida se nos escapa. Nos pasamos media existencia pensando en el siguiente paso para hallar la felicidad, e incluso puede que la encontremos por un ratito, pero en el fondo sabemos que por mucho que persigamos el éxito, el placer o nos empeñemos en escapar del dolor… este puede acabar alcanzándonos.

¿Qué es la felicidad? Para la mayoría la felicidad consistiría en tener todo lo que queremos, controlarlo todo y tener el poder para hacer cualquier cosa que deseemos. Afortunadamente esto es imposible, y aunque lo fuera ya se ha demostrado que personas que lo han creído tener todo tampoco consiguieron estar en paz. Nadie puede obtener todo lo que quiere: no podemos controlar las mareas, ni el tiempo, ni a tu vecino. Pero siempre podemos aprender a controlar nuestra mente, nuestros deseos… En definitiva, nuestra perspectiva o forma de mirar la vida. Y no tiene nada que ver con las técnicas de relajación, ni con lo esotérico, ni con escapar de la realidad o no enfrentarnos a los problemas: tiene que ver con la mirada con la que vemos la vida. Meditar te ayuda a mirar sin los filtros de pensamientos, creencias o etiquetas que tomamos o que nos han impuesto desde siempre como realidad. Como dicen en *mindfulness*, es ver la vida sin la historia de nosotros mismos que nos hemos contado y que nos hemos creído. Por ejemplo, una persona perfeccionista se cuenta a sí misma lo perfecto que ha de hacerlo todo, y si no lo realiza así, inevitablemente se frustrará. Por otro lado, una persona que se considera alegre cada vez que se sienta triste pensará que no es la manera adecuada de sentirse o de ser. Imagínate tú sin pasado, sin ese cuento que te repites continuamente de ti mismo. Eso es lo que te da la meditación, una conexión contigo mismo más allá de lo que creemos que debemos ser. Meditación es acercarte a la vida y conectar con tu esencia. En la esencia o espíritu no existe el miedo, ni el estrés, ni la ansiedad.

Todos los caminos te llevan a Roma

Dependiendo del tipo de meditación nos centraremos en diferentes técnicas. Dando un paseo por las diferentes tradiciones podemos ver que si seguimos la **tradición hindú**, su ejercicio básico consiste en concentrar la mente en un solo objeto (una llama de una vela, un mantra, etc.); si nos acogemos a la **tradición budista** (que es tan amplia que incluye muchos caminos), también emplearemos la concentración, pero se añade otro elemento: la consciencia; **la tradición tántrica**, sin embargo, trata de alcanzar la conciencia a través de una divinidad, para destruir la imagen del ego. El ***vipassana*** es la más antigua de todas las practicas meditativas budistas; se trata de una técnica de emerge de un discurso atribuido a Buda: el Satipatthana Sutta. Esta técnica cultiva la practica de la atención plena o *mindfulness*. ***Mindfulness*** es una enseñanza que crea la capacidad, a través de su práctica disciplinada, de simplificar la mente, centrándose en la observación y la aceptación de pensamientos y emociones sin juicios de valor. En lugar de tratar de cambiarlos, nos conduce a una mayor aceptación. Conlleva mejoras significativas en la capacidad de los practicantes para hacer frente a la ansiedad, el estrés y el dolor. Se empieza con la atención centrada en la respiración para luego tomar conciencia de todo lo que nos está sucediendo (pensamientos, sensaciones, emociones) y de todo lo que está sucediendo a nuestro alrededor, descubriendo la realidad del momento presente tal cual es.

La práctica del *mindfulness* tiene como eje mantener la plena atención en el momento presente, aquí y ahora, sin reaccionar, observando y explorando la relación que la mente establece con la experiencia (curiosidad, rechazo, aceptación). Esta es la clave de una mente *mindfulness*. Los estudios científicos realizados en las más prestigiosas universidades (Harvard, Brown, Oxford) durante las últimas décadas confirman los cambios positivos que se producen en el cerebro de las personas que completaron un programa de ocho semanas, en áreas relacionadas con la gestión de las emociones, el estrés, la creatividad, la empatía y la memoria.

Cientos de estudios clínicos han demostrado ya que la práctica de *mindfulness* ayuda a reducir el pensamiento repetitivo e improductivo de dar vueltas a una misma idea sin llegar a ninguna conclusión o solución.

Y todo esto se consigue empezando por sentarte cinco minutos al día, en silencio, contigo mismo, observando para empezar a conocerte mejor.

La alquimia interior

Siempre he sentido gran atracción hacia todo lo que tenía que ver con rituales, chamanismo o alquimia del cuerpo; de hecho, así fue como llegué hasta el yoga. La alquimia, que se practicó en Europa en torno al s. XVII, se ha entendido siempre desde un punto de vista material, como la búsqueda de la piedra filosofal, la piedra que era capaz de convertir todos los metales en oro. Pretendía descubrir a través de los elementos que constituían el universo el elixir de la vida o la inmortalidad. Trabajaban con materiales físicos, metales, pero lo que realmente querían conseguir era su propia modificación interna. Si lograban esto desde fuera, significaba que lo habrían conseguido dentro. Para mí es igual que el yoga. El yoga es la gran alquimia interior y su estado culminante (la iluminación o *samadhi*) ciertamente tiene origen en nuestras propias células. Lo que quiero transmitiros con esto es que practicar posturas de yoga logrará –si sigues todos los pasos con un buen maestro– cambiar la bioquímica de tu organismo para después alcanzar la sabiduría de lo interno, puesto que la piedra filosofal no es más que tu propio autoconocimiento.

La zona de disconfort

Vamos acumulando a lo largo y ancho de nuestra vida un gran número de apegos tanto materiales como emocionales. Nos apegamos a cosas como la moda, la tecnología, la comida, las drogas e incluso creamos dependencia de personas o situaciones. Nos acomodamos en la zona segura de confort y nos da miedo salir. Es humano, no te desalientes. Si estás en ese punto es porque el yoga está derramando su magia sobre ti. Estás aprendiendo a vivir en el *prana* o la energía cósmica, y con el tiempo tendrás la capacidad de liberar tus miedos y controlar tu destino, conectando con tu verdadero ser, con lo que en realidad importa, dejando los apegos de lado.

Olvídate de la iluminación; no la consigue casi nadie, ni siquiera en la India. Incluso podría decirte que alcanzarla no siempre es lo que buscamos. Mi intención es que conozcas los fundamentos filosóficos y espirituales del yoga y aprecies el poder sobrenatural que está en todos nosotros. Para ello os contaré el cuento del Buda de oro.

Todos poseemos un Buda de oro

Cuenta la leyenda que en un lugar de Tailandia se estaba rehabilitando un monasterio que había sido saqueado y en el que se había asesinado a muchas personas. Se dejó a cargo de unos monjes que movieran un Buda de arcilla gigantesco que había que colocar. En mitad del traslado, uno de los monjes notó un crujido en el Buda. Preocupado por dañar el ídolo, los monjes decidieron esperar un día antes de continuar con su tarea.

Al día siguiente, uno de los monjes fue a revisar la estatua gigante, enfocó con su linterna por todo el Buda y cuando llegó a la grieta, vio algo que le reflejaba la luz. Despertó su curiosidad, y el monje tomó un martillo y un cincel y empezó a romper poco a poco al Buda de arcilla. Conforme quitaba la arcilla trozo a trozo, el Buda era cada vez más brillante. Extrañado, siguió trabando durante horas; esas horas se convirtieron en días, noches y después de semanas de trabajo, el monje alzó la vista con admiración y pudo ver frente a él un enorme Buda de oro, grande y sólido. Los historiadores creen que los monjes tailandeses cubrieron al Buda de arcilla para protegerlo, varios cientos de años antes, de un ataque de las tropas contra el monasterio.

Como el Buda, nuestro caparazón exterior nos protege del mundo. Nuestro verdadero tesoro se esconde dentro. Los seres humanos escondemos inconscientemente nuestro oro interior bajo una capa de arcilla. Todo lo que tenemos que hacer para sacar a la luz nuestro oro es tener el coraje de eliminar nuestro caparazón externo trozo a trozo para brillar con nuestra máxima plenitud.

Todos tenemos un Buda de oro en nuestro interior, solo tenemos que encontrarlo.

Conecta contigo
Siembra una intención

Cada vivencia, igual que el yoga, tiene un aspecto físico, psicológico y espiritual que has de aceptar. Nuestro destino es vivir este fascinante cuento que trata de uno mismo. Solo tienes que conseguir la unión.

Creo que toda experiencia, al final, no es más que eso: algo que se vive, de lo que se aprende algo, y no existe nada más fiable que la tuya propia. Cada elección que hacemos nos lleva más cerca o más lejos de lo que somos o incluso de lo que soñamos ser algún día. En esas elecciones está la valentía o no de ser uno mismo, con lo bueno y con lo malo, con lo que somos. Lo mismo sucede en una clase de yoga con calor, en la que habrá momentos que no consigas realizar ni una sola postura, pero siempre será una apuesta hacia delante, hacia la valentía de conocerte, hacia el coraje de ser tú mismo. Y esa elección, amigos, sólo se puede hacer de una forma: experimentándola en vuestra propia esencia. Así que… ¡nos vemos en clase!

Como dijo Edgar Allan Poe: "Las mejores cosas de la vida te hacen sudar". ¡Y que cada uno lo interprete como quiera…!

Jamás olvides que tu vida es más grande que tus miedos, que tus fuerzas son mayores que tus dudas y que aunque la mente esté confundida, tu corazón siempre sabrá la respuesta.

ANÓNIMO

Bibliografía

Los Yoga Sutras de Patanjali, Sri Swami Stachinananda.

Yogaterapia, Miguel Fraile.

Los Yoga Sutras de Patanjali, T. K.V. Desikachar.

Bikram Yoga, Bikram Choudhury

Vinyasa Flow, Ray Long

Tending the heart fire, Shiva Rea.

Luz sobre Yoga, B.K.S Iyengar

Luz sobre el Pranayama, B.K.S Iyengar

Yogamala, Sri Pattabhi Jois

Vinyasa Yoga, Srivatsa Ramaswami.

El cuerpo sutil, Cindy Dale.

Patrocinio

Este libro está patrocinado por **Californian Hot Yoga**, primer centro de Yoga con calor en España que presenta diferentes disciplinas de yoga las cuales se potencian unas a otras utilizando el efecto terapéutico del calor y la humedad.

Ha creado un método camaleónico y único que se adecúa con sus diferentes tipos de Yoga a cada persona y a cada etapa de su vida. Una dinámica abierta a todos niveles, para hombres y mujeres de cualquier edad, deportistas profesionales, personas que nunca han hecho deporte, pero sobre todo, para quien sueñe con la mejor versión de sí mismo/a porque comprende al ser humano en su totalidad, e integra las 3 partes de las que estamos hechos: cuerpo, mente y espíritu.

Californian Hot Yoga somos un rincón de la ajetreada ciudad en medio del ruido y la prisa donde parar, cuidar el cuerpo, relajar la mente y recordar quiénes somos y qué hemos venido a hacer en el mundo.

Web: **www.californianhotyoga.com**
E-mail: **info@californianhotyoga.com**
Tlfno: **91 006 96 42**

Autores para la formación

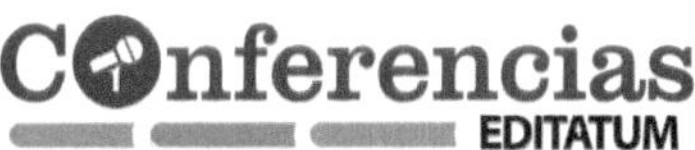

Editatum y **GuíaBurros** te acercan a tus autores favoritos para ofrecerte el servicio de formación GuíaBurros.

Charlas, conferencias y cursos muy prácticos para eventos y formaciones de tu organización.

Autores de referencia, con buena capacidad de comunicación, sentido del humor y destreza para sorprender al auditorio con prácticos análisis, consejos y enfoques que saben imprimir en cada una de sus ponencias.

Conferencias, charlas y cursos que representan un entretenido proceso de aprendizaje vinculado a las más variadas temáticas y disciplinas, destinadas a satisfacer cualquier inquietud por aprender.

Consulta nuestra amplia propuesta en **www.editatumconferencias.com** y organiza eventos de interés para tus asistentes con los mejores profesionales de cada materia.

Nuestras colecciones

Guías para todos aquellos que deseen ampliar sus conocimientos sobre asuntos específicos, grandes personajes, épocas, culturas, religiones, etc., ofreciendo al lector una amplia y rica visión de cada una de las temáticas, accesibles a todos los lectores.

Guías para gestionar con éxito un negocio, vender un producto, servicio o causa o emprender. Pautas para dirigir un equipo de trabajo, crear una campaña de marketing o ejercer un estilo adecuado de liderazgo, etc.

Guías para optimizar la tecnología, aprender a escribir un blog de calidad, sacarle el máximo partido a tu móvil. Orientaciones para un buen posicionamiento SEO, para cautivar desde Facebook, Twitter, Instagram, etc.

Guías para crecer. Cómo crear un blog de calidad, conseguir un ascenso o desarrollar tus habilidades de comunicación. Herramientas para mantenerte motivado, enseñarte a decir NO o descubrirte las claves del éxito, etc.

Guías prácticas dirigidas a la salud y el bienestar. Cómo gestionar mejor tu tiempo, aprenderás a desconectar o adelgazar comiendo en la oficina. Estrategias para mantenerte joven, ofrecer tu mejor imagen y preservar tu salud física y mental, etc.

Guías prácticas para la vida doméstica. Consejos para evitar el cyberbulling, crear un huerto urbano o gestionar tus emociones. Orientaciones para decorar reciclando, cocinar para eventos o mantener entretenido a tu hijo, etc.

La salud emocional en tu empresa

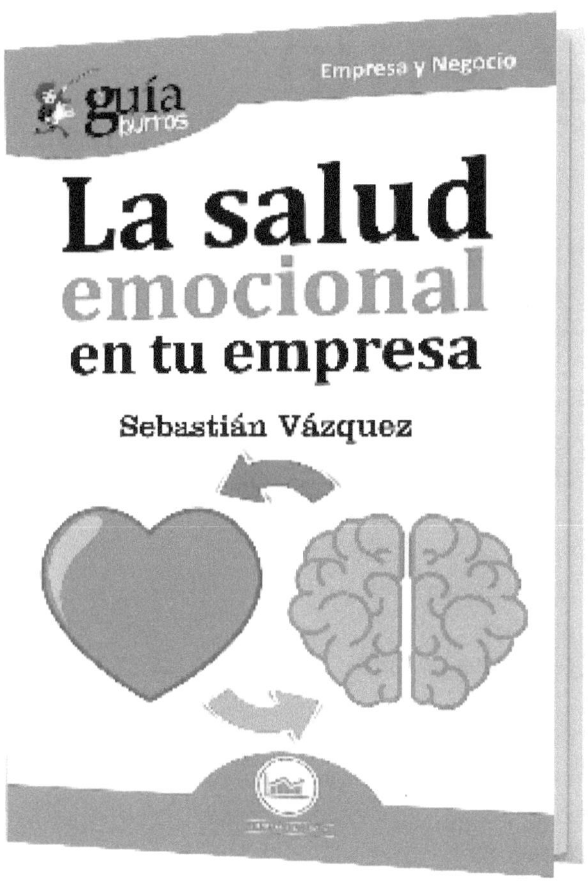

GuíaBurros La salud emocional en tu empresa es una guía básica con todo lo que debes saber para crear un buen clima laboral.

+INFO

http://www.saludemocionalempresa.guiaburros.es

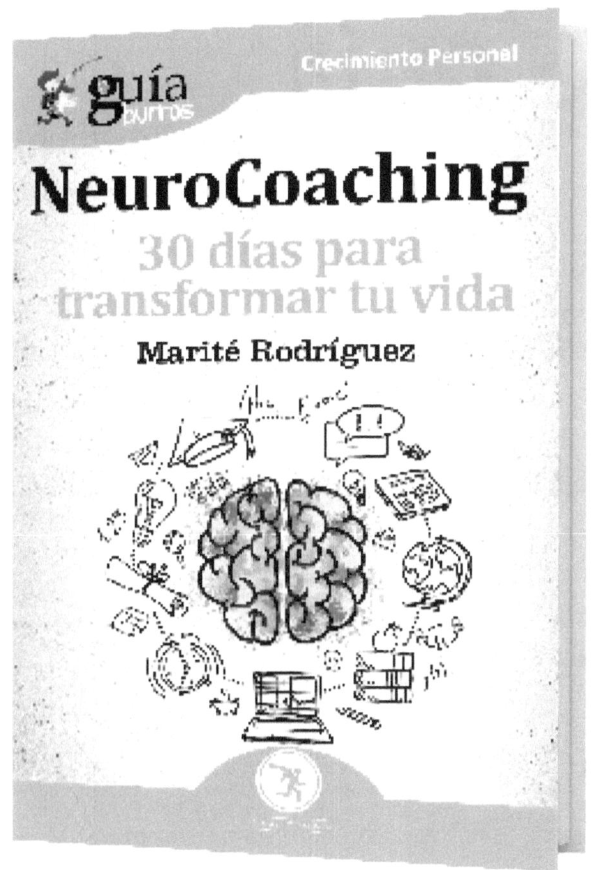

GuíaBurros Neurocoaching es una guía básica con todo lo que debes saber para transformar tu vida en 30 días.

+INFO

http://www.neurocoaching.guia-burros.com

Coaching

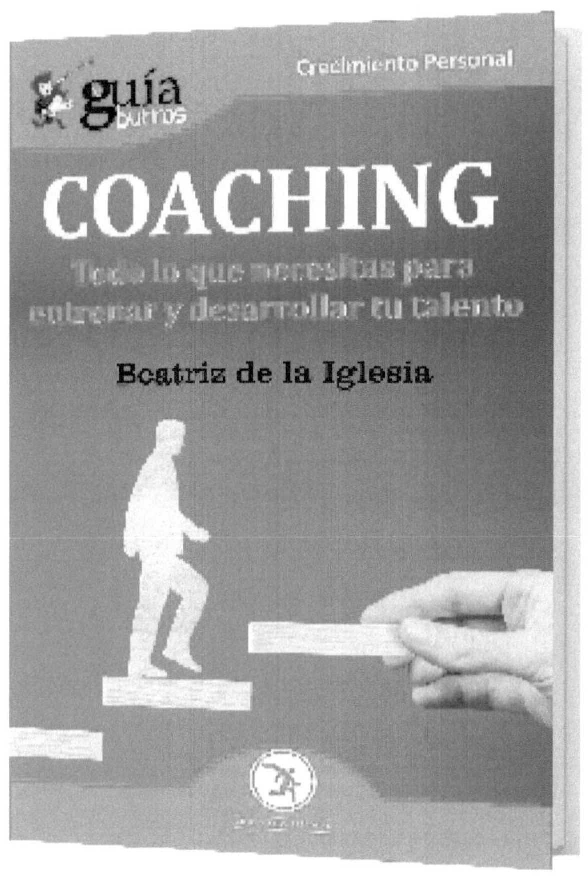

GuíaBurros Coaching es una guía básica con todo lo que necesitas para entrenar y desarrollar tu talento.

+INFO

http://www.coaching.guia-burros.com

guía burros

Hablar y escribir correctamente

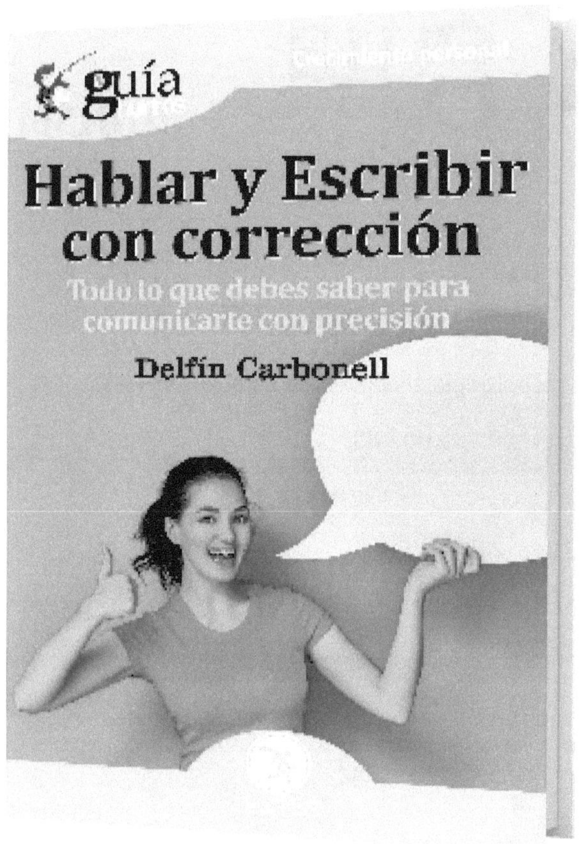

GuíaBurros Hablar y escribir correctamente es
una guía básica con todo lo que debes saber
para comunicarte con precisión

+INFO

http://www.hablaryescribir.guia-burros.com

BUDISMO

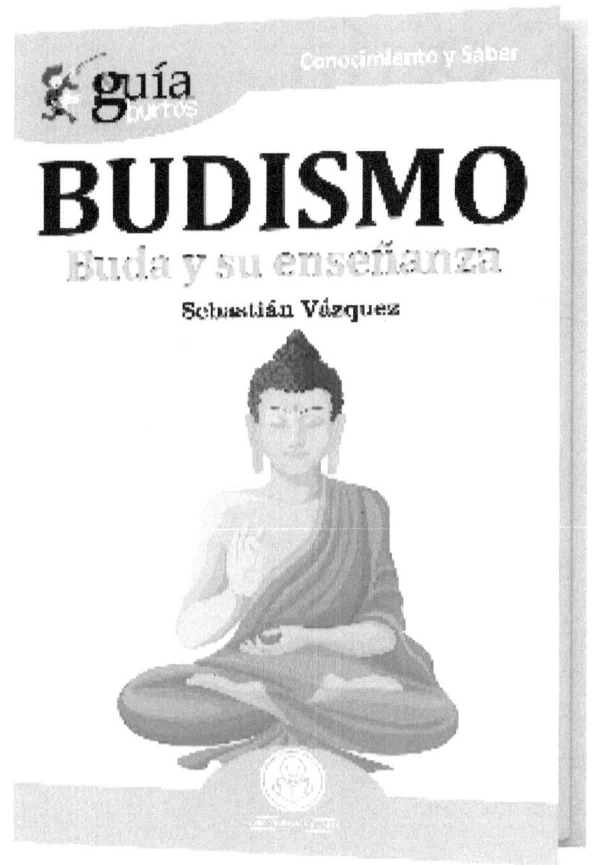

GuíaBurros Budismo te enseñará todo lo que debes saber sobre Buda y cómo hacer que forme parte de tu vida.

http://www.buda.guiaburros.es

Islam

Una guía para profundizar en el mundo de la religión islámica aportando explicaciones de palabras técnicas, remarcando datos curiosos y anécdotas.

- Breve introducción preliminar
- Antes del islam
- El profeta
- Después de Muhammad
- Los cinco pilares
- El Corán, la sunna y la ley
- El sufismo
- El islam contemporáneo
- Glosario de términos

GuíaBurros Islam es una guía básica con todo lo que debes saber sobre el islam.

+INFO

http://www.islam.guia-burros.com

 **Música clásica**

GuíaBurros Música clásica es una guía básica para los que aún no saben que les gusta la música clásica

+INFO

http://www.musicaclasica.guia-burros.com

El póker de cerca

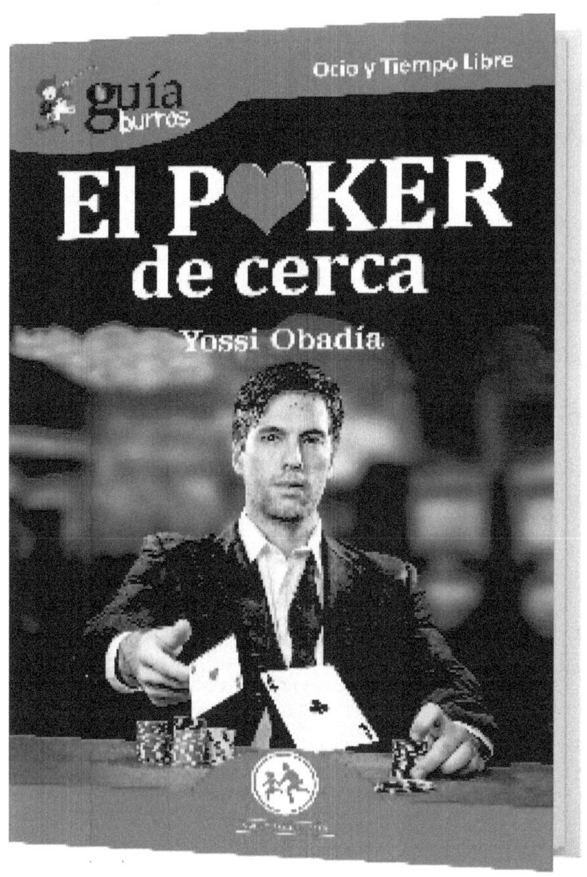

GuíaBurros El póker de cerca es una guía básica con todo lo que debes saber sobre este apasionante juego.

+INFO

http://www.poker.guia-burros.com

guíaburros

Inteligencia sexual

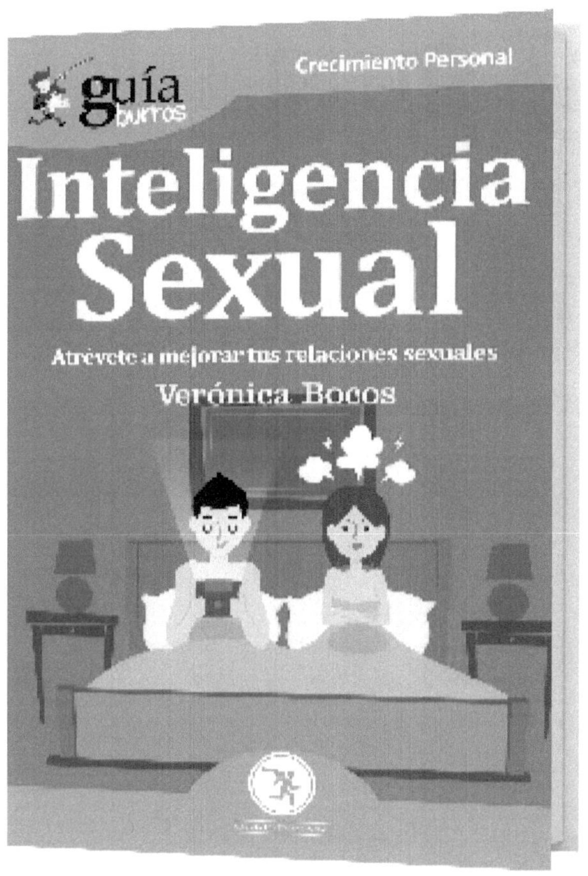

GuíaBurros Inteligencia sexual es una guía con todo lo que necesitas para mejorar tus relaciones sexuales.

+INFO

http://www.inteligenciasexual.guiaburros.es

Primeros auxilios

GuíaBurros Primeros auxilios es una guía con la que tú puedes salvar vidas

+INFO

http://www.primerosauxilios.guiaburros.es

EDITATUM

Libros para crecer

www.editatum.com